TURKMENISTAN

Maschhad

KHORASAN

KAVIR-WÜSTE

LUT-WÜSTE

AFGHANISTAN

Yazd

YAZD

Kerman

Zahedan

FARS

KERMAN

Bam

PAKISTAN

Jahrom

Bandar Abbas

SISTAN
BELUTSCHISTAN

Tschahbahar

GOLF

STRASSE VON HORMUS

GOLF VON OMAN

VER. ARABISCHE
EMIRATE

OMAN

Das persische Kochbuch

Für Iran, Tooka und Maurus

© 2013 Verlagshaus Jacoby & Stuart, Berlin
Alle Rechte vorbehalten
Gestaltung: Ariane Bille und Gabi Kopp
Satz: Ariane Bille, Berlin
Druck und Bindung: DZS Grafik d.o.o.
Printed in Slovenia
ISBN 978-3-942787-04-8
www.jacobystuart.de
Unsere Trailer auf www.youtube.com/jacobystuart

Gabi Kopp

Das persische Kochbuch

Bilder · Geschichten · Rezepte

Kalligraphie Sadegh Riahi

Verlagshaus Jacoby ⌂ Stuart

DIE REZEPTE

DIE GESCHICHTEN

EIN DUFT VON SAFRAN, ZIMT UND KARDAMOM

 Rosenwasser, Bitterorangen, Kardamom und Zimt, das Aroma von Walnussblättern, die zwischen den Fingern zerrieben werden, sowie der Blütenduft der schmalblättrigen Ölweide: Das sind die Düfte, die Iran Riahi mit ihrer Kindheit verbindet. Sie ist in Iran aufgewachsen und führt heute ein Reisebüro in Zürich. »Riahi Travel« organisiert Reisen in ihr Heimatland.

Mit Iran Riahi habe ich das Menü meiner Reise zusammengestellt. Im September und Oktober 2012 sind wir gemeinsam nach Schiras, Isfahan und Teheran gereist. In Teheran begleitete mich die Kunstwissenschaftlerin Tooka Maleki als Übersetzerin. In den drei Städten besuchten wir landestypische Lokale sowie Köchinnen und Köche aus verschiedenen Regionen und Volksgruppen. Die eigenen vier Wände sind auch in Iran ein Ort der Freiheit und Kreativität; hier legen die Frauen ihre Kopftücher und langen Mäntel ab.

Sechzehn Frauen und zwölf Männer haben mich an ihrem Herd empfangen. Sie haben mir erlaubt, ihre Rezepte aufzuschreiben und zu veröffentlichen, und beim anschließenden Essen haben sie mir auch einen Einblick in ihr Leben gegeben. Dieses Buch gibt durch die Rezepte, Geschichten und Zeichnungen, die aus Skizzen und vielen Fotografien entstanden sind, einen sehr privaten Einblick in die Küchen und die Kochtöpfe des heutigen Iran. In den Küchen nahm ich immer zuerst den Duft wahr: etwa das wunderbare Aroma von Reis, wenn der Dampf im Topf aufsteigt, oder der feine Duft von Safran, der gemörsert wird. Es duftet nach den vielen feingeschnittenen Kräutern oder nach Aragh, einem Destillat aus Blumen oder Kräutern, das als Aperitif serviert wird. Die Düfte verwirren die Sinne und der Hungrige weiß nicht mehr, wo ihm der Kopf steht ...

Die persische Küche beruht auf einer uralten Kultur und hat eine große Eigenständigkeit bewahrt. Ähnlich dem persischen Garten – dem Sinnbild für das irdische Paradies – ein Motiv, das in die Teppiche geknüpft wird. Was braucht man mehr als einen Perserteppich, um darauf zu leben, zu essen und zu träumen. Und für mich bitte einen Karottensaft mit Safraneis!

Nusch-e Jan! Guten Appetit!
Poetisch übertragen heißt es
»Die Seele soll mitgenießen!«

Gabi Kopp

SOFREH-JE IRANI
DIE PERSISCHE KÜCHE

Für Gäste steht immer eine Schale mit saisonalen Früchten, kleinen Gurken, Nüssen und Gebäck bereit, dazu gibt es Tee oder ein Erfrischungsgetränk (Scharbat). Zum Abschied gibt es noch einmal Tee. In der persischen Küche kommen alle Gerichte gleichzeitig auf den Tisch. Da traditionell nicht mit Messern gegessen wurde, werden alle Speisen in mundgerechten Stücken zubereitet. Gegrilltes wird am Spieß serviert. Für Gäste werden mindestens drei Hauptgerichte zubereitet, die dazugehörigen Beilagen sind Joghurt, frische Kräuter (Sabsi Khordan), Fladenbrot, Nüsse und manchmal auch hausgemachte Pickles (Torschi) sowie eingemachte Früchte. Die Kräuter regen die Geschmacksnerven an und der Joghurt neutralisiert sie. Viele Gerichte werden insbesondere zu Familienfesten oder an bestimmten Feiertagen zubereitet – und die sind zahlreich: das Ende des Ramadan, alle Geburtstage und Todestage der zwölf Imame, die Beschneidung der Knaben, der erste Zahn und viele weitere. An Noruz, dem persischen Neujahrsfest, wird z. B. Kuku Sabsi zubereitet. Halva und Scholeh Sard isst man wiederum traditionell zu Ehren der Verstorbenen.

VEGETARISCH, FLEISCH UND FISCH

Bei vielen persischen Gerichten können Sie das Fleisch weglassen bzw. durch Nüsse, Pilze, Datteln, Trockenfrüchte oder Tofu ersetzen. Besonders der Nordiran ist bekannt für seine vegetarischen Gerichte. Fleisch kommt vorwiegend vom Lamm, es werden möglichst alle Teile des Tiers verwertet, s. Jegaraki (S. 114–115) und Kalle Patsche (S. 143). Fischgerichte gibt es besonders am Kaspischen Meer und am Persischen Golf.

GLUTENFREIE KÜCHE

Die meisten Gerichte sind glutenfrei. Anstelle von Weizen- wird auch Reis- oder Kichererbsenmehl verwendet. Backpulver kann durch Natron (enthält keine Weizenstärke) ersetzt werden.

SAFRAN

Safranfäden werden ganz gekauft, trocken und kühl aufbewahrt und bei Bedarf gemörsert. Eine Prise Zucker hilft beim Verreiben. Dann wird etwas heißes Wasser oder zimmerwarmes Rosenwasser zum Safran gegossen. So entfalten sich Farbe und Geschmack stärker. Safranwasser kann verschlossen bis zu drei Wochen im Kühlschrank aufbewahrt werden.

GEWÜRZE (s. auch Bildglossar S. 144–145)

Gewürzmischungen werden im allgemeinen auf dem Basar gekauft, einzelne Gewürze werden gerne ganz gekauft. Sie werden bei Bedarf frisch gemörsert und strömen dabei einen wunderbaren Duft aus.

FRISCHE KRÄUTER UND SALAT (s. auch Bildglossar S. 146–147)

Kräuter, Gurken, Lattich und Tomaten wurden ursprünglich einzeln aufgetischt und mit Salz gegessen. Salat ist – mit Ausnahme des Salad Schirazi – neu dazugekommen.

LIMETTEN

In Iran sind nur Limetten oder süße Zitonen (Lima Schirin), die als Früchte gegessen werden, im Handel; Limettensaft kann durch Zitronensaft ersetzt werden.

ÖL UND GHEE

Die Iraner verwenden vor allem Sonnen-blumen-, Mais- oder Erdnussöl sowie Ghee. Im Norden gibt es gutes Olivenöl, doch wird der kräftige Geschmack im allgemeinen nicht besonders geschätzt. Früher gab es nur Ghee, geklärte laktosefreie Butter, das einen sehr feinen butterigen Geschmack hat.

RÖSTZWIEBELN

Knusprig geröstete Zwiebeln werden in der persischen Küche so häufig verwendet, dass sie gerne in größerer Menge in Öl geröstet und dann in einem Glas im Kühlschrank auf-bewahrt werden.

GETRÄNKE (s. auch S. 12–13, S. 35 und S. 74–75)

Die persische Küche hat ein reichhaltiges Angebot an nicht-alkoholischen Getränken. Neben Tee und Dugh (S. 103), dem klas-sischen Joghurtgetränk, gibt es Destillate (Aragh) aus Blüten und Kräutern (S. 20–21), Sirupgetränke (S. 53), Getränke mit eingeleg-ten Trockenfrüchten oder Samen, Smoothies, Milchshakes sowie frisch gepresste Säfte (S. 75).

DEKORATION

Mit Berberitzen, Pistazien- und Mandel-stiften, Rosinen, Rosenblättern oder frischen Granatapfelkernen können Sie Ihre Gerichte wunderbar dekorieren.

EINKAUF

Viele Zutaten finden Sie in persischen, paki-stanischen oder indischen Läden, aber auch im Reformhaus oder Bioladen. So z. B. ge-röstetes Kichererbsenmehl, Kardamomsamen ohne Schoten oder Bockshornkleeblätter. Bockshornklee kann auch einfach selbst ge-zogen werden.

Weitere allgemeine Informationen zur persi-schen Küche finden Sie ab S. 144–150.

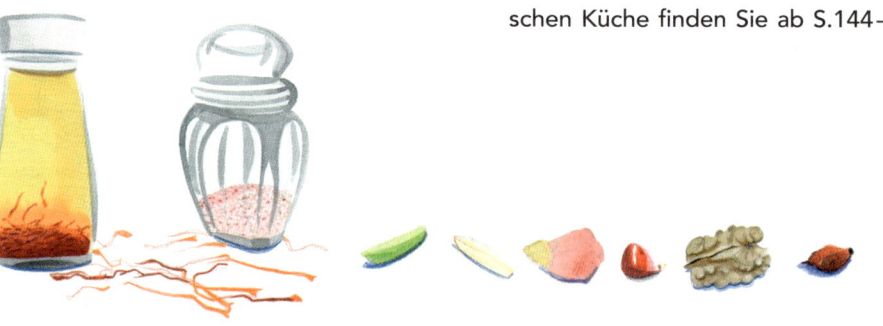

BERENDSCH
PERSISCHER REIS

Reisgerichte fehlen auf keiner persischen Tafel. Im Nordiran, am Kaspischen Meer, wird Reis angebaut. Er deckt aber den Bedarf nicht und ist teurer als der indische Basmati. Gebräuchlich sind auch der geräucherte Reis Berendsch-e Dudi und der parfümierte Reis Berendsch-e Atri. Es gibt viele verschiedene Reisqualitäten und Härtegrade. Deshalb sollten die Einweich- und Kochzeiten mit der eigenen bevorzugten Reissorte getestet werden. Am Besten gelingt die Kruste in einem beschichteten Topf oder Reiskocher. Der Reis kann aber auch im Ofen in einer beschichteten Form oder in einzelnen Portionen in einer mit Alufolie bedeckten Cupcakeform zubereitet werden.

KATEH

Dieser Reis wird nicht eingeweicht, ist etwas klebriger als Polo und schnell zubereitet. Er wird vor allem im Nordiran gekocht.

4 PORTIONEN ALS HAUPTGERICHT

300 g Basmatireis
800 ml Wasser
2 TL Salz
2 EL Olivenöl o. Ghee
¼ TL gemörserte Safranfäden, in 1–2 EL heißem Wasser aufgelöst

- Reis mehrmals waschen, bis das Wasser klar ist.
- Reis, Wasser und Salz in einem beschichteten Topf aufkochen und auf mittlerer Hitze etwa 10 Min. kochen. Ab und zu rühren.
- Wenn der Reis das Wasser absorbiert hat, 1 EL Öl darüberträufeln. Für eine goldgelbe Kruste den Reis jetzt aus dem Topf nehmen, 1 EL Öl und Safranwasser in den Topf geben und den Reis wieder darüber schichten.
- Ein Tuch zwischen Topf und Deckel legen, damit es den Dampf aufnimmt und der Reis locker wird. Auf geringster Hitze 30 Min. garen, damit sich die Kruste bilden kann.
- Anrichten wie bei Polo.

Um den Reis zu aromatisieren, kann ein wenig Zimt, Kardamom, Nelke, Kreuzkümmel, Rosen- oder Orangenblütenwasser beigegeben werden.

POLO / TSCHELO

Dieser Reis hat immer eine Kruste und soll luftig sein. Durch das Einweichen wird deshalb Stärke ausgewaschen. Polo heißen auch die Reismischgerichte, z.B. Havij Polo (Karottenreis). Tschelo wird der Reis in Kombination mit Kabab (Fleischspieß) oder Khorescht (Ragout) genannt, z.B. Tschelo Kabab.

4 PORTIONEN ALS HAUPTGERICHT

300 g Basmatireis
1,5 l Wasser (etwa 5-fache Menge vom Reis)
Salz
1 TL Kurkuma, nach Belieben
1 EL Essig o. Joghurt
1 EL Sonnenblumenöl o. 1 TL Butter
¼ TL gemörserte Safranfäden, in 1 EL heißem Wasser aufgelöst

- Den Reis waschen und etwa 2 Std. in gut gesalzenem Wasser einlegen, abgießen.
- Die 1,5 l Wasser mit wenig Salz in einem Topf aufkochen. Den Reis dazugeben und in 8–10 Min. knapp gar kochen. Ab und zu ein Reiskorn testen. Durch den Essig bzw. Joghurt im Koch-wasser bleibt der Reis fest und weiß. Wenn der Reis gelb werden soll, Kurkuma beigeben. In ein großes Sieb abgießen, mit wenig kaltem Wasser abschrecken und gut abtropfen lassen.
- Nach dem Vorbereiten der Kruste (Tahdig) den Reis im Topf zu einem Hügel schichten. Nach Wunsch mit einem Löffelstiel ein paar Löcher hineinbohren, damit der Dampf besser aufsteigen kann.
- Den geschlossenen Topf kurz stark erhitzen, bis der Dampf aufsteigt. Zur Kontrolle den Deckel ab und zu heben. Dann sofort auf geringste Hitze stellen.
- Öl oder Butter mit 1 EL heißem Wasser mischen und über den Reis träufeln. Ein gefaltetes Tuch zwischen Topf und Deckel legen, damit es den Dampf aufnimmt und der Reis locker wird. Auf geringster Hitze 30 Min. garen. Wegen der geringen Hitze macht es auch nichts, falls der Reis 60 Min. auf dem Herd steht – falls die Gäste mal später kommen.

VARIANTE 1 Den Reis mit der Kruste nach oben auf eine Platte stürzen.

VARIANTE 2 besonders für unbeschichtete Töpfe geeignet: Topf 2–3 Min. in wenig kaltes Wasser stellen. 2 Kellen vom Reis abnehmen und in einer kleinen Schüssel mit etwas Safranwasser oder Kurkuma mischen. Den restlichen Reis auf eine Platte schöpfen, die Kruste mit einem Spachtel in Stücken vom Boden lösen und um den Reis oder separat auf einen Teller legen. Den gefärbten Reis als Dekoration über den Reis streuen.

TAHDIG
DIE GOLDENE KRUSTE

Früher wurde der Topfboden mit Fladenbrot oder Kartoffeln belegt, um zu verhindern, dass der kostbare Reis am Topfboden anbrannte. Heute gilt die knusprige Kruste als Delikatesse. Die Sorte kann nach Belieben gewählt werden. Die Kruste liegt obenauf, wenn das Reisgericht gestürzt wird. Sie kann aber auch in Stücken um das Reisgericht gelegt oder separat auf einem Teller serviert werden.

KRUSTE AUS REIS
1–2 Kellen vorgekochten Reis mit 2 EL Öl, 2 EL Safranwasser (s. Polo) oder ½ TL Kurkuma mischen und auf dem Topfboden verteilen.

KRUSTE AUS JOGHURT UND REIS
2–3 Kellen vorgekochten Reis mit 2 EL Joghurt, 3 EL Öl und 2 EL Safranwasser mischen und auf dem Topfboden verteilen.

KRUSTE AUS KARTOFFELSCHEIBEN
2–4 Kartoffeln schälen und in 2–4 mm dicke Scheiben schneiden. 2 EL Öl mit 2 EL Safranwasser oder ½ TL Kurkuma im Topf erwärmen und den Boden mit den Kartoffelscheiben belegen.

KRUSTE AUS FLADENBROT
2 EL Öl mit 2 EL Safranwasser oder ½ TL Kurkuma im Topf erwärmen. 1 dünnes Fladenbrot (Lavasch) leicht anfeuchten, in Stücke reißen und den Topfboden damit belegen.

15

SCHIRAS

Schiras hat viele Namen: die Garten- oder Rosenstadt, die Stadt der Poeten, der Literatur, des Weines und der Blumen. Sie liegt im Südwesten, in der Provinz Fars, und ist berühmt für ihr Klima. Hier wachsen Limetten, Bitterorangen, Dattelpalmen und die berühmten Trauben. In Schiras stehen die Mausoleen von Saadi und Hafis, den berühmten persischen Dichtern und Philosophen. Es gibt wun-

derschöne Gärten. Außerhalb von Schiras liegt Persepolis, eine der altpersischen Hauptstädte der Achämeniden. Die Überreste der Stadt zählen zum Unesco-Weltkulturerbe. Besuchen Sie ein typisches Asch-Lokal (sämige Suppen) und essen sie in einer Eisdiele Falude-je Schirasi (Reisnudeleis) mit Limettensaft, und trinken dazu einen Aragh (Destillat mit Zucker).

FREITAGS-PICKNICK IN SCHIRAS

Freitags zieht es viele Iraner, besonders in Schiras, in die Gärten. »Garten« bedeutet im Persischen ein Stück Land mit Bäumen und Wasser. Bis Donnerstagmittag wird gearbeitet, dann beginnt das Wochenende. Zur Picknick-Ausrüstung gehören ein Teppich oder großes Tuch, ein Samowar, eine Wasserpfeife und ein Gaskocher oder Grill. Eintöpfe werden aufgewärmt und Kababs gegrillt. Es gibt Kotlets (S. 125) für Sandwiches, Salad Olivier (Russischer Salat) und andere Gerichte sowie Früchte, weißen Käse, Salat, Kräuter und Torschi (S. 96–97). Getrunken wird traditionell Schwarztee oder Dugh (S. 103). Aber es gibt auch Scharbat (S. 53) oder iranische Coca-Cola, die seit der Revolution Zamzam heißt, und alkoholfreies Bier. Auf dem Teppich sitzend wird gegessen, geschwatzt, telefoniert, Karten gespielt oder Wasserpfeife geraucht. Und nach dem Essen macht man ein Nickerchen.

KABAB KUBIDEH
LAMMHACKKEBAB

FÜR 14 FLACHE SPIESSE

1 kg Lammhackfleisch
3 Zwiebeln, geschält, gerieben
je 1 EL Salz u. schwarzer Pfeffer
½ EL Kurkuma
1 TL Backpulver o. 1 Ei

FÜR DIE MARINADE
1 TL Limettensaft mit
3 EL Olivenöl vermischt

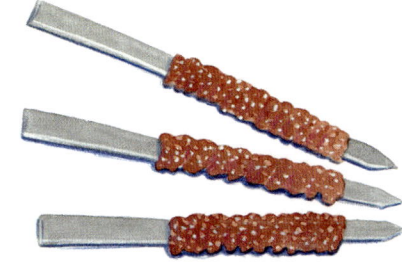

- Zwiebelsaft absieben, alle Zutaten mischen und 5 Min. kneten. 3–4 Std. kühlstellen.
- Hände mit Wasser benetzen und eine Handvoll Fleischmasse um einen flachen Spieß pressen.
- Die Masse den Spieß entlang gut an- und flachpressen (2–3 cm dick).
- Auf heißer Glut kurz beidseitig grillen.
- Vor dem Servieren mit der Marinade bestreichen.
- Dazu Grilltomaten, Basilikumblätter, Sumak und Fladenbrot oder Reis servieren.

Statt auf Spießen kann das Hack auch zu Röllchen geformt und in der Pfanne oder unter dem Backofengrill zubereitet werden. Das Fleisch kann auch mit Sumak, Knoblauch, Zitronenschale oder Safran gewürzt werden.

KABAB-E BAL
HÄHNCHENKEBAB

FÜR 5–6 FLACHE SPIESSE

1 kg halbierte Hähnchenflügel
o. Bruststücke
20–30 grüne Peperoni

FÜR DIE MARINADE
Saft von 2 Limetten
½ EL Salz
1 TL Pfeffer
1 Zwiebel, geschält, gerieben
½ TL gemörserte Safranfäden, in 2 EL heißem Wasser aufgelöst
4–5 EL Joghurt (3,5–5%)
4 EL Olivenöl
3 Knoblauchzehen, gepresst

- Alle Zutaten der Marinade gründlich miteinander vermengen. Huhn in die Marinade geben, zudecken und mind. 3 Std. oder über Nacht kühlstellen.
- 1–2 Flügel- oder Bruststücke im Wechsel mit einer Peperoni auf einen Spieß stecken.
- Auf heißer Glut von allen Seiten kurz grillen.

Diese Marinade eignet sich auch wunderbar für ein Hühnergericht, bei dem das ganze Huhn oder nur Brust bzw. Schenkel ohne Haut im Backofen bei 200 °C gebacken werden.

DIE DESTILLATION

Destillieren hat in Iran eine jahrtausendalte Tradition. Die persischen Ärzte und Gelehrten Zakaria Razi (900 n. Chr.) und Avicenna (1000 n. Chr.) haben sich mit der Heilwirkung von Destillaten und destilliertem Alkohol befasst. In Schiras gibt es eine Universität, die traditionelle Pflanzenmedizin nach Avicenna lehrt. Destilliert wird überall, aber die wichtigsten Zentren sind die Städte Kaschan und Schiras. In Iran werden alkoholische und alkoholfreie Destillate Aragh genannt. Seit der Revolution wird kein Alkohol mehr gebrannt, die alkoholfreien Aragh werden nach Belieben mit Eis, Zucker und Limettensaft getrunken.

DESTILLIERIE ARAGHIAT GOLBARG – die Destillerie ist eine Art Naturapotheke. Als wir eintreten, duftet es nach Rosmarin. Durch Wasserdampfdestillation werden aus frischen oder getrockneten Kräutern und Blüten ätherische Öle für die Pharmazie und Parfümerie sowie das Pflanzenwasser Aragh gewonnen.

Sammler bringen die Wildpflanzen aus den Dörfern und Bergen. Gerade betritt eine Frau mit getrockneten Walnussblättern die Destillerie. Der Besitzer Hamid Reza Zarei wiegt die Menge ab, prüft die Qualität und bezahlt die Ware. Auch kleine Mengen werden angenommen. Am wertvollsten sind Orangenblüten. Die Pflanzenteile werden in riesigen Töpfen gekocht und die kondensierte Flüssigkeit wird in großen Fässern gesammelt. Auf jedem Fass sind Wirkung und Art der Einnahme beschrieben. Die Destillate haben auch einen medizinischen Effekt und ihnen wird entweder eine wärmende oder eine kühlende Wirkung zugeschrieben.

EINE AUSWAHL DER DESTILLATE

ROSENWASSER
(Damaszenerrose) gut für das Gedächtnis, Herz und Nerven, wärmend

DESTILLIERTE ORANGENBLÜTEN
gut für die Nerven, gegen Depressionen, wärmend

DESTILLIERTE WEIDENKÄTZCHEN
herzstärkend, gut für die Nerven, gegen Kopfschmerzen, kühlend

DESTILLIERTE WEINROSEN
blutreinigend, wärmend

DESTILLIERTER OREGANO
gegen Asthma, Bronchitis und Cholesterin, wärmend

DESTILLIERTE BORRETSCHBLÜTEN
gut gegen Traurigkeit, Ohnmacht und Angstzustände, wärmend

DESTILLIERTES BOHNENKRAUT
gut für die Verdauung, gegen Magenbrennen, wärmend

DESTILLIERTER KREUZKÜMMEL
gut für die Verdauung, muttermilch-fördernd, fettabbauend, wärmend

DESTILLIERTER ROSMARIN
gegen Haarausfall, kühlend/wärmend ausgewogen

DESTILLIERTER DILL
blutreinigend, gegen Cholesterin, wärmend

DUL
Destillat eines besonderen, weiblichen Teils der Dattelpalme; wirkt wie Viagra und gegen Rheuma, wärmend

DESTILLIERTE OLIVENBLÄTTER
Blutdrucksenkend, wärmend

DESTILLIERTE WALNUSSBLÄTTER
gut für Diabetiker, wärmend

DESTILLIERTES WEIDENHOLZ
gut gegen Gelbsucht und Erkältung, blutverdünnend, kühlend

DESTILLIERTE WILDE MINZE
gut bei Magenproblemen, wärmend

Die Destillerie produziert unter anderem auch Granatapfelkonzentrat, Walnuss-Oliven-Granatapfel-Paste, eingelegte Früchte und Gemüse in Essig (Torschi) und Lavaschak. Lavaschak sind eingekochte Früchte, die gepresst und an der Sonne getrocknet werden. Sie sind sehr beliebt als zuckerfreie Süßigkeit für Kinder.

Traditionelle Destillation bei den Nomaden

JILA JALALI – DIE GESELLIGE KÖCHIN
EIN DUFT VON BITTERORANGENBLÜTEN

Jila, 53, ist in Schiras aufgewachsen. Sie liebt ihre Stadt und ihr Klima. Hier wachsen Bitterorangen und Dattelpalmen nebeneinander, was es selten gibt. Sie war 22, als sie den neun Jahre älteren Abdullah geheiratet hat. Er war bei der Polizei in Schiras. Trotz Pensionierung arbeitet er heute als Verkehrsexperte weiter, um der Familie den Lebensstandard zu erhalten, denn das Geld ist wegen der hohen Inflation nicht mehr viel wert. Die drei Söhne Payman, Pezhman und Pedram studieren.

Jila ging 12 Jahre zur Schule. Sie ist Hausfrau und genießt ihre Freizeit. Kochen hat sie von der Mutter, der Schwiegermutter und dem Kochbuch von Roza Montazemi gelernt. Dieses Buch mit persischen und internationalen Rezepten ist 1965 erschienen und steht in fast jedem iranischen Haushalt. Jila kocht gerne ein. Sauerkirsch-, Karotten-, Rosen- und Kürbismarmelade sowie Torschi, salzigsauer eingelegte Kräuter, Gemüse und Früchte. Es gibt aber auch mal Lasagne oder Pizza. Am liebsten würde sie mit einer Freundin ein Birun bar (iranischer Take- away) mit Samosas, Piroschkies und Süßigkeiten eröffnen. Jila ist lebenslustig und hat gerne Leute um sich. Ihre Freundin Badri Kamyar hilft beim Kochen. Sie hat Politikwissenschaften und altpersische Literaturgeschichte studiert und gibt Yoga-unterricht. Sie ist die Frau des bekannten Schriftstellers Shahriar Mandanipour, in dessen Büchern viel über das Leben in Iran und auch die Esskultur geschrieben steht.

Zum Aperitif serviert Jila Scharbat-e-Aragh-e-Nastaran, Rosendestillat aus weißen Rosenblüten mit Wasser und Eiswürfeln verdünnt und mit Zuckersirup gesüßt. Dazu gibt es die wunderbaren Schiras-Trauben mit viel Saft und dünner Haut. Jilas Lieblingsgericht ist Ghormeh Sabsi.

SABSI KHORDAN
FRISCHE KRÄUTER MIT FRÜHLINGSZWIEBELN UND RADIESCHEN

KRÄUTER NACH WAHL
Basilikum (rot o. grün), Minze,
Estragon, Petersilie, Brunnenkresse,
Tareh (iran. Schnittlauch)
dünne Frühlingszwiebeln, geputzt
Radieschen, geputzt

NACH BELIEBEN
Limetten, halbiert
Walnüsse o. Mandeln, ganz
Panir (Feta), in Stückchen

- Die Kräuter putzen, die groben Stiele entfernen und in eine Schale legen.
- Frühlingszwiebeln schnitzen: Wurzelbereich abschneiden und die Zwiebel sternförmig etwa 4 cm tief einschneiden. In eine Schale mit kaltem Wasser legen. Die Zwiebelstreifen biegen sich dadurch nach außen. Radieschen können ähnlich geschnitzt werden.
- Frühlingszwiebeln, Radieschen und weitere Zutaten nach Belieben um die Kräuter herum anordnen.

Sabsi Khordan gehört traditionell auf jede persische Tafel. Heute werden auch Koriandergrün und Dill dazugereicht.

SALAD SCHIRASI
SALAT AUS SCHIRAS

4 PORTIONEN

3–4 kleine Gurken, geschält,
in kleinen Würfeln
2–3 Tomaten, in kleinen Würfeln
1 rote Zwiebel, geschält, in kleinen
Streifen
1 Bund Minze, geputzt, feingehackt
Salz, Pfeffer
2 EL Limetten- o. Bitterorangensaft
2 EL Olivenöl

*Gut schmeckt der Salat auch mit
Minze, Petersilie und Koriander oder
Paprikawürfeln.*

- Gurken, Tomaten, Zwiebeln und Minze miteinander vermengen. Kurz vor dem Servieren Limettensaft sowie Öl dazugeben, verrühren und mit Salz und Pfeffer abschmecken.

KALAM POLO SCHIRASI
REIS MIT FLADENBROTKRUSTE, KOHLRABI UND FLEISCHBÄLLCHEN

4 PORTIONEN

500 g Lamm- o. Rinderhackfleisch
300 g Basmatireis
1 große Zwiebel, geschält
1 TL Salz
1 TL Kurkuma
1 TL schwarzer Pfeffer
1 TL Zimt
2 EL Kichererbsen- o. Weizenmehl
2 EL Ghee
1 kg Kohlrabi, geschält, in Stäbchen
50 ml Limettensaft
1 TL Kurkuma
2 EL Sonnenblumenöl
1 TL gemörserte Safranfäden, in
3 EL heißem Wasser aufgelöst
1 dünnes Fladenbrot (Lavasch)
50 g Basilikum, geputzt, feingehackt
50 g Dill, geputzt, feingehackt
50 g Estragon, geputzt, feingehackt
50 g Tareh (iran. Schnittlauch),
geputzt, feingehackt

Diese Spezialität aus Schiras stammt ursprünglich von Nomaden und wird außerhalb von Schiras mit Weißkohl statt Kohlrabi zubereitet.

Weitere Informationen zu Pologerichten auf S. 14–15.

- Reis waschen und 2 Std. in Salzwasser einlegen.
- Inzwischen Hackfleisch in eine Schüssel geben, die Zwiebel feinreiben oder sehr feinhacken, Gewürze und Mehl beigeben und gut miteinander vermengen.
- Die Hände befeuchten. Aus einer Handvoll Fleischmasse eine Rolle formen und davon Bällchen im ø von 2–4 cm rollen.
- 1 EL Ghee in einer Pfanne erhitzen und die Fleischbällchen rundum anbraten. Beiseitestellen.
- Kohlrabi in 1 EL Ghee knapp gar braten.
- In einem Topf Kohlrabi und Fleischbällchen mit dem Limettensaft 3–4 Min. bei geringer Hitze erwärmen, mit Salz und Pfeffer abschmecken. Beiseitestellen.
- 1,5 l Wasser mit etwas Salz in einem Topf aufkochen. Den abgegossenen Reis mit Kurkuma vermischen und in 8–10 Min. knapp gar kochen.
- In ein großes Sieb abgießen, mit wenig kaltem Wasser abschrecken und gut abtropfen lassen.
- In einem beschichteten Topf 1 EL Öl mit 1 EL Safranwasser erwärmen, und den Boden mit Fladenbrotstücken belegen. Darauf ⅓ vom Reis, ⅓ der Kräuter und ⅓ der Fleischbällchen-Kohlrabi-Masse schichten. Weiterschichten, bis alles aufgebraucht ist. Achtung: Die Fleischbällchen sollten nicht am Rand liegen, damit sie nicht anbrennen.
- Den geschlossenen Topf kurz stark erhitzen. Den Deckel gelegentlich anheben und prüfen, ob Dampf aufsteigt, dann 1 EL Öl und 1 El Wasser erwärmen, über den Reis gießen, ein Tuch zwischen Topf und Deckel legen und bei ganz geringer Hitze 30 Min. garen.
- 1–2 Kellen Reis in eine Schale füllen und mit 2 EL Safranwasser färben. Beiseitestellen.
- Das Reisgericht auf eine Platte schöpfen und mit dem Safranreis garnieren. Die Kruste vom Boden lösen und rund um den Reis legen.
- Wenn die Kruste sich gut löst, kann der Reis auch vorsichtig auf eine Platte gestürzt werden.

RANGINAK
GEFÜLLTE DATTELN

8 PORTIONEN

400 g weiche Datteln, entkernt
200 g Walnüsse, geviertelt
½ TL frisch gemörserter Kardamom
200 g Mehl (Type 812)
200 g Butter

FÜR DIE DEKORATION
Puderzucker, Zimt, Pistazienstifte

*Ranginak stammt aus Schiras und
dem Südiran. Am besten wird es am
Vortag zubereitet.*

- Jede Dattel mit einem Walnussstück füllen und dicht nebeneinander in eine flache Form legen.
- Mit Kardamom bestreuen.
- Mehl in einem Topf ohne Fett unter Rühren hellbraun rösten. Butter dazugeben und rühren, bis die Masse braun ist. Diese Masse über die Datteln geben und mit einem Messer flachstreichen. Bei Raumtemperatur abkühlen lassen.
- Mit etwas Puderzucker bestreuen und glätten, bis die Oberfläche weiß ist.
- Zimt in ein Schälchen füllen und mit Hilfe der Finger oder einer Schablone ein Muster streuen. Mit Pistazienstiften dekorieren.
- Zum Servieren abstechen oder in Rhomben schneiden.

HOSSEIN KHORDADI – DER KOCH, DER DIE ZAHLEN LIEBT
EIN DUFT VON LIMETTEN

Vor 22 Jahren, im Trauermonat Muharram, begann Hossein, 54, zu kochen. Am Aschura-Tag werden besondere Gerichte für die Bevölkerung gekocht und gratis angeboten. Hossein half beim Zubereiten, es gefiel ihm, und er wurde Koch.

Heute ist Hossein Koch und Nachtportier im Hotel Golshan. Das traditionelle Haus mit Innenhof und Brunnen liegt zuhinterst in einer verwinkelten Gasse im alten Teil von Schiras. Die Mauern der Gasse sind in persischer Kalligraphie mit Gedichten iranischer Dichter beschrieben. Da steht z. B. »Mit Liebe werden aus Dornen Blumen« von Molana Rumi. In Schiras sind die persischen Dichter und Philosophen Saadi und Hafis begraben und viele Touristen kommen, um Persepolis anzuschauen, erzählt Hossein stolz: Wir sind bekannt für unsere Dichtkunst und Wortspiele.

Hossein ist in der Nähe von Schiras geboren und aufgewachsen. Seine Ausbildung zum Maler erhielt er bei einem Meister. Auf dem Bau habe er mehr gelernt, als einer, der auf der Universität einen Bachelor macht, sagt er selbstbewusst. Er ist verheiratet, hat zwei Kinder und wünscht sich ein eigenes Haus und ein eigenes Restaurant. Wenn seine Hotelgäste essen möchten, kauft Hossein im Basar ein, beim Gewürzhändler, im Kräuter-, Früchte- und Gemüseladen und beim Metzger. Für große Feste schlachtet er selbst ein Lamm. Hossein liebt Zahlen. Er hat schon für 200 Gäste gekocht und 100 kg Reis auf einmal zubereitet. Er kennt von einem Rezept 86 Variationen und gibt die Mengen nicht wie die anderen Köchinnen in Reisbechern, sondern in Gramm und Litern an. Wie alle Iraner kocht er mehr als genug, wirft aber nichts weg. Reste gibt er an Nachbarn und Bedürftige weiter oder macht etwas Neues daraus, z.B. eine Reissuppe mit dem Saft unreifer Trauben.

Hosseins Lieblingsgerichte sind die Joghurtsuppe Asch-e Mast und der Rosinenreis Keschmesh Polo.

TAS KABAB-E BEH VA ALU
LAMMTOPF MIT QUITTEN UND PFLAUMEN

4 PORTIONEN

500 g Lammschulter, in 3 cm dicken Würfeln
3–4 Zwiebeln, geschält, in Ringen
500 g Kartoffeln, geschält, in Scheiben
2 Quitten, geschält, entkernt, in Scheiben
4 Karotten, geschält, in Scheiben
8 getrocknete Pflaumen, entsteint, halbiert
1–2 TL Kurkuma
2 TL frisch gemörserter Kardamom
2 TL Zimt
2–3 EL getrocknetes Limettenpulver
o. 2 EL Limettensaft
Salz, Pfeffer
1 TL gemörserte Safranfäden, in 4 EL heißem Wasser aufgelöst
2 EL Sonnenblumenöl
4 EL Wasser
1 EL Tomatenmark

- Backofen auf 200 °C vorheizen.
- Alle Gewürze mit Ausnahme des Safrans miteinander vermischen.
- Öl und 2 EL Safranwasser in eine ofenfeste hohe Form gießen.
- Je eine Lage Zwiebeln, Kartoffeln, Fleisch, Quitten, Karotten und einige Pflaumen aufeinanderschichten, dabei jede Lage mit ein wenig Gewürzmischung bestreuen. In derselben Reihenfolge weiterschichten, bis alles aufgebraucht ist.
- 2 EL Safranwasser und Tomatenmark mischen und darübergießen.
- Topf in den heißen Backofen stellen, die Hitze nach 15 Min. auf 100 °C reduzieren und 3–4 Std. zugedeckt garen. Alternativ auf dem Herd bei ganz geringer Hitze mit geschlossenem Deckel 3 Std. garen.
- Mit Fladenbrot oder Reis servieren.

Ein anderer einfacher und traditioneller Tas Kabab wird mit Lammfleisch, Tomaten, Zwiebeln und Kartoffeln geschichtet.

»Mit Liebe werden aus Dornen Blumen«

HAVIJ POLO
KRUSTENREIS MIT LINSEN UND KAROTTEN

6 PORTIONEN

400 g Basmatireis
250 g braune Linsen
1 Zwiebel, geschält, halbiert
1 TL Kurkuma
500 g Karotten, geschält, fein-
gewürfelt
2 TL Zimt
2 TL Advijeh (S. 141)
½ TL Kurkuma
1 EL Sonnenblumenöl
Salz

*Zu Havij Polo passt Huhn oder die
Lammkeule Khorak-e Mahitsche
(S. 96).*

**Weitere Informationen zu
Pologerichten auf S. 14–15.**

- Reis waschen und 2 Std. in Salzwasser einlegen.
- Inzwischen Linsen in Salzwasser mit den Zwiebelhälften und Kurkuma weichkochen. Zwiebeln entfernen und abgießen.
- Karotten in Wasser mit wenig Salz knapp gar kochen, abgießen.
- Linsen und Karotten in einer Schüssel mischen, Zimt und Advijeh hineinrühren. Beiseitestellen.
- Für den Reis mit Reiskruste 2 l Wasser mit etwas Salz und Kurkuma in einem Topf aufkochen. Den abgegossenen Reis dazugeben und in 8–10 Min. knapp gar kochen. In ein großes Sieb abgießen, mit wenig kaltem Wasser abschrecken und gut abtropfen lassen.
- In einem beschichteten Topf 1 EL Öl mit 2 EL Wasser erwärmen. Nun ⅓ vom Reis und die Hälfte der Karotten-Linsenmischung darauf schichten. Weiterschichten, bis alles aufgebraucht ist.
- Den geschlossenen Topf kurz stark erhitzen. Den Deckel gelegentlich anheben und prüfen, ob Dampf aufsteigt, dann ein Tuch zwischen Topf und Deckel legen und alles bei ganz geringer Hitze 30 Min. garen.
- Den Reis auf eine Platte schöpfen.
- Die Kruste vom Boden lösen und in Stücken rund um den Reis legen.
- Wenn die Kruste sich gut löst, kann der Reis auch vorsichtig auf eine Platte gestürzt werden.

آش اَنار

ASCH-E ANAR
GRANATAPFELSUPPE

4 PORTIONEN

1 Zwiebel, geschält, feingehackt
1 EL Olivenöl
1,2 l Wasser
40 g gelbe Schälerbsen, gewaschen
1 TL Salz
½ TL schwarzer Pfeffer
1 TL Kurkuma
70 g Reis
50 g glatte Petersilie, geputzt, feingehackt
20 g Koriandergrün, geputzt,
feingehackt
20 g Minze, geputzt, feingehackt
4 Schalotten, geschält, feingehackt
3–4 EL Granatapfelkonzentrat
1 EL Zucker
etwas Golpar, nach Belieben

FÜR DIE DEKORATION
Granatapfelkerne

- Öl in einem Topf erhitzen und Zwiebel anbraten, bis sie glasig sind, mit dem Wasser ablöschen.
- Schälerbsen und Gewürze hinzugeben und bei geringer Hitze zugedeckt 30 Min. kochen.
- Reis, Kräuter, Schalotten, Granatapfelkonzentrat, Zucker und Golpar hineingeben, verrühren und bei geringer Hitze 20 Min. weiterkochen.
- Mit Granatapfelkernen dekorieren.

Asch-e Anar wird auch mit Hackfleischbällchen zubereitet – dazu 250 g Rinder- oder Lammhackfleisch mit einer geriebenen Zwiebel, Kurkuma, etwas Salz, Pfeffer und getrockneter Minze gut verkneten. Etwa 2 cm große Bällchen formen und etwa 10 Min. vor Ende der Garzeit zur Suppe geben.

DIE SÜSSBROTBÄCKEREI

»Nan-e-Yukeh Pazi Khalili« gilt als die berühmteste Süßbrotbäckerei von Schiras. Das Familiengeschäft wird vom Vater an den Sohn weitergegeben. Ali Bagheri begann mit 12 Jahren im Familienbetrieb zu arbeiten und ist seitdem Bäcker. In der Süßbrotbäckerei wird in großen Steinöfen das Süßbrot Nan-Ghandie gebacken sowie Süßgebäck wie Jukeh.

NAN-GHANDIE – SÜSSES BROT

FÜR 50 KLEINE STÜCKE

1 Ei
400 g Zucker
200 ml Sonnenblumenöl
2 TL Trockenhefe
100 ml Rosenwasser
1 kg Mehl
100 g Sesamsamen
1 Eigelb
¼ TL gemörserte Safranfäden,
in 4 EL Rosenwasser aufgelöst

Dieses Süßbrot wird zum Frühstück und als Teegebäck gegessen.

- Ei, Zucker, Öl und 200 ml Wasser verquirlen.
- Die Hefe in Rosenwasser auflösen und dazugießen.
- Das Mehl langsam unterrühren, alles gut verkneten.
- 2–3 Std. ruhen lassen.
- Backofen auf 250 °C vorheizen.
- Den Teig zu tennisballgroßen Kugeln formen. Die Bälle nacheinander auf ein mit Sesam bestreutes Brett drücken, zu 3 mm dicken Fladen ausrollen und wenden.
- Eigelb und Safranwasser verquirlen, Fladen bepinseln und mit einer Gabel regelmäßig einstechen.
- 6–8 Min. backen. Das Brot in kleine Stücke schneiden, solange es noch warm ist.

DIE SAFTPRESSEREI

Reza Hushmand versaftet in seiner Presserei »Ablimugiri Gihadir« etwa 2,5 Tonnen Limetten, Trauben und Bitterorangen pro Saison.

LIMETTEN – LIMU TORSCH wachsen im Norden und in der zentralen Südprovinz Fars mit ihrer Hauptstadt Schiras. Der Geschmack der Limette ist aromatischer als derjenige der Zitrone. Je nördlicher desto grüner und je südlicher desto gelber und süßer sind die Früchte. Zum Pressen müssen Limetten und Bitterorangen etwas antrocknen, damit der Saft nicht bitter wird. Limettenschalen werden für Pickles verwendet, dabei wird das weiße Fleisch der ausgepressten Limetten feingehackt und mit Salz, Pfeffer sowie Kreuzkümmel gemischt.

SAFT UNREIFER TRAUBEN – ABGHUREH Reza presst den Saft aus einer speziellen sauren Traubensorte. Privatleute pressen Abghureh auch aus unreifen kernlosen Trauben. Die Traubenschalen werden in Salz eingelegt und zum Würzen verwendet. Saft unreifer Trauben wird auch gesalzen angeboten, um ihn länger haltbar zu machen. Der Anteil der Säure entspricht ⅓–¼ der Säure der Limette.

TRAUBEN – ANGUR Die Trauben aus Schiras sind berühmt, besonders die weißen kernlosen Asgkari mit dünner Haut, und Rischbaba (Vater mit Bart), die auch gerne als Rosinen gegessen werden.

BEHNAZ FARIDI UND HOJJAT JAFARKHAH – DAS KOCHPAAR
EIN DUFT VON GERÄUCHERTEN AUBERGINEN

Behnaz, 43, die aus der südiranischen Stadt Bandar Abbas am persischen Golf stammt, ist Sunnitin. Hojjat, 44, der aus der nordiranischen Stadt Rascht in der Nähe des kaspischen Meeres stammt, ist Schiite. Verliebt haben sich die beiden ineinander, als sie an der Universität von Schiras studierten: Behnaz Krankenpflege und Hojjat Ingenieurwesen. Sie haben eine 18-jährige Tochter, Dorsa, und einen 13-jährigen Sohn, Sina.

Behnaz kocht süd- und nordiranisch – die Männer der Familie lieben die Küche des Nordens, die Frauen die des Südens. Die Rezepte des Südens, die von der indischen und pakistanischen Küche beeinflusst sind, lernte Behnaz bei ihrer Mutter und die des Nordens bei ihrem Mann Hojjat und dessen Schwester kennen.

Beruflich ist Hojjat in der Erdölindustrie tätig und reist häufig nach Europa. Auch Behnaz reist gerne. Sie war schon in der Türkei, in Syrien, Indien und in Dubai. Hojjat hat – sehr zur Freude der Familie – einen offenen Lift gebaut, der von der Küche ins obere Stockwerk führt. Der Lift hat eine ölhydraulische Pumpe, damit er leise ist, und ein eingebautes Sicherheitssystem, damit er stoppt, wenn jemand die Hand rausstreckt oder darunter steht. Auch den Grill auf dem Balkon, auf dem er die Auberginen für das Kalekabab röstet, hat er selbst gebaut. Zum Aperitif servieren die beiden uns einen Drink aus pürierter grüner Melone mit Sodawasser. Als Beilagen gibt es viele verschiedene Torschi (Pickles), Wildpflaumen und Kornelkirschen aus dem Norden sowie saure Mango mit Peperoni aus dem Süden.

Behnaz' Lieblingsessen sind Krevetten in allen Zubereitungsarten. Hojjat wiederum mag Fleischspieße, besonders Torschi-Kabab. Dazu wird Rindfleisch mit Walnüssen, Salz und Pfeffer in Granatapfelkonzentrat mariniert.

كشك بادمجان

KASCHK-E BADEMDSCHAN
AUBERGINENPÜREE MIT KASCHK

5 PORTIONEN

125 g Kaschk o. Joghurt (3,5%)
1 kg Auberginen, geschält, in
groben Stücken
5 EL Sonnenblumenöl
1 große Zwiebel, geviertelt,
in feinen Streifen
½ TL Kurkuma
1 TL Salz

FÜR DIE DEKORATION
50 g Walnüsse, gehackt
½ EL getrocknete Minze
1 EL Sonnenblumenöl

- Getrocknetes Kaschk mind. 1 Std. oder über Nacht in etwas Wasser einlegen.
- Auberginenstücke 30 Min. in Salzwasser einlegen und mit Küchenpapier abtrocknen.
- In einer Pfanne 2 EL Öl erhitzen, die Zwiebeln knusprig rösten und beiseitestellen.
- Auberginen mit 2 EL Öl bei geringer Hitze weich-braten.
- Auberginen mit der Hälfte der Zwiebeln, Kurkuma, 1 EL Öl und 150 ml Wasser in einen Topf geben. Bei mittlerer Hitze garen, gelegentlich umrühren, bis das Wasser eingekocht ist.
- Mit einem Kartoffelstampfer zerstoßen.
- Kaschk zu einer cremigen Masse rühren und mit dem Salz zum Püree geben. Falls es zu trocken ist, etwas Wasser unterrühren. In eine Schale geben und mit den Walnüssen und gerösteten Zwiebeln dekorieren.
- Minze im Öl erwärmen und darüber träufeln. Als Vorspeise oder zu Hauptgerichten servieren.

Auberginen nicht pürieren, die Masse wird sonst zu fein. Die Auberginen können statt in der Pfanne auch im Backofen bei 250 °C in 30 Min. weichgegart werden. Dann schälen und in Stücke schneiden.

Kaschk ist saurer Joghurt, der gekocht, abgetropft, gesalzen und getrocknet wird. Zum Gebrauch wird er eingeweicht und mit etwas Wasser gemixt. Die Nomaden schüttelten Joghurt in einer Ziegenhaut, um wie bei der Butter das Fett von der Flüssigkeit zu trennen. Aus dieser sauren »Buttermilch« wurde Kaschk und auch Dugh gemacht. Kaschk ist am ehesten durch gesalzenen Schaf- oder Ziegenjoghurt zu ersetzen.

كلّه كباب

KALEKABAB
AUBERGINENPÜREE MIT GRANATAPFEL

4–8 PORTIONEN

1 kg Auberginen
2 Knoblauchzehen, feingehackt
2 EL Walnüsse, gehackt
50 ml Granatapfelkonzentrat
1 TL getrocknete, geriebene Minze
1 TL Salz
½ TL Pfeffer

FÜR DIE DEKORATION
frische Granatapfelkerne

- Ganze Auberginen auf dem Holzkohlengrill, auf heißer Glut oder im Backofen sehr weich rösten.
- Abkühlen lassen, Stiele abschneiden und schälen.
- Fruchtfleisch feinhacken oder -stampfen.
- Mit Granatapfelkonzentrat und Minze mischen. Mit Salz und Pfeffer abschmecken.
- In eine Schale geben und 2–4 Std. ruhen lassen.
- Mit Granatapfelkernen dekorieren.

Durch das Grillen erhalten die Auberginen den gewünschten Räuchergeschmack.

خورشت بادمجان

KHORESCHT-E RIVAS
RINDERRAGOUT MIT RHABARBER

6 PORTIONEN

500 g Rind- o. Lammfleisch aus der Schulter (Ragout in 2 cm großen Stücken)
2 große Zwiebeln, geschält, feingehackt
2 Bund Petersilie, geputzt, feingehackt
1 Bund Minze, geputzt, feingehackt
2 EL Sonnenblumenöl
1 TL Kurkuma
2 TL Salz
1 TL Pfeffer
1 TL gemörserte Safranfäden, in 2 EL heißem Wasser aufgelöst
1 EL Tomatenmark
Saft von 2 Limetten
500 g Rhabarber, geschält, in 2 cm großen Stücken
2 EL Zucker

- Backofen auf 180 °C vorheizen.
- Öl in einer Pfanne erhitzen und die Zwiebeln knusprig rösten.
- Kräuter dazugeben und kurz mitbraten. Fleischwürfel dazugeben und mit Kurkuma, Salz und Pfeffer würzen.
- Safranwasser, Tomatenmark und Limettensaft mischen und dazugießen.
- Etwa 500 ml Wasser dazugießen und 1 Std. bei geringer Hitze köcheln.
- Das Fleischragout in eine Auflaufform geben, die Rhabarberstücke darauf verteilen und mit Zucker bestreuen.
- Im Backofen 1–1½ Std. backen.
- Mit Reis servieren.

Anstelle von Rhabarber eignen sich auch unreife, grüne, entsteinte Pflaumen für dieses Gericht.

بابیشکا

BABISCHKA
KALBSRAGOUT MIT GRANATAPFELSAUCE

4–8 PORTIONEN

750 g Kalbsfilet, in 1–2 cm
großen Stücken
4 rote Zwiebeln, geschält,
grob-gehackt
2 EL Sonnenblumenöl
2 TL süßer Paprika
1 TL Pfeffer aus der Mühle
4 EL Granatapfelkonzentrat
o. 8 EL Pflaumenmus
½ EL Salz

- In einer Pfanne 2 EL Öl erhitzen, die Zwiebeln knusprig rösten und herausnehmen.
- Die Fleischwürfel kurz anbraten. Zwiebeln wieder beigeben.
- Paprika und Pfeffer dazugeben und zugedeckt bei geringer Hitze 2–5 Min. garen.
- Granatapfelkonzentrat, Salz und 200 ml Wasser dazugeben, umrühren.
- Weitere 20 Min. auf geringer Hitze zugedeckt garen. Das Fleisch sollte sehr zart sein, abschmecken.
- Mit Reis oder Pommes frites servieren.

HALVA
HALVA MIT ROSENWASSER

8 PORTIONEN

100 g Zucker
100 ml Wasser
½ TL Safranfäden, gemörsert,
in 80 ml Rosenwasser aufgelöst
½ TL frisch gemörserter Kardamom
100 g Mehl (Type 812)
100 g Ghee, Butter o. ½ Öl
u. ½ Butter

FÜR DIE DEKORATION
Zimt, Mandelstifte, Pistazienstifte

*Im Nordiran wird Halva auch mit
Reismehl und Honig zubereitet (Asali
Halva).*

- Zucker und Wasser kochen, bis der Zucker aufgelöst ist und eine Sirupkonsistenz erreicht hat. Safran-Rosenwasser hineinrühren und beiseitestellen.
- Mehl in einem Topf ohne Fett unter Rühren hellbraun rösten. Ghee dazugeben und weiterrühren, bis die Masse braun ist. Vom Feuer nehmen.
- Sirup vorsichtig zur Mehlbuttermischung gießen und etwa 5 Min. ausgiebig rühren, bis die Flüssigkeit komplett in die Masse eingearbeitet ist und sich die Masse vom Topf löst.
- Im Topf ein paar Min. hin- und herschütteln, bis ein Teig von glatter Konsistenz entsteht.
- In eine flache Schale geben, mit einem Löffel glatt streichen und Muster in die Oberfläche drücken. Mit Zimt, Mandel- und Pistazienstiften dekorieren.
- Für mundgerechte Halva die Masse 1–2 cm dick flach streichen und in Rhomben schneiden oder mit Plätzchenformen ausstechen.
- Bei Raumtemperatur servieren.

ISFAHAN

Isfahan liegt in einer Flussoase am Zagros-Gebirge und gilt als eine der schönsten Städte des Iran. Der große Platz Naqsch-e Dschahān und die drei doppelstöckigen Bogenbrücken sind einzigartige Sehenswürdigkeiten. Bei der Khaju-Brücke wird jeden Abend gesungen und getanzt, in den Parks sitzen Menschen auf Tüchern oder Teppichen und plaudern, spielen, trinken Tee oder picknicken. Eine Oase ist auch das berühmte Hotel »Abbasi«, ein ursprünglicher Karawan-Serail. Trinken Sie an einem der vielen Fruchtsaftstände einen Karottensaft mit Safraneis, und besuchen Sie ein Berjanilokal sowie das Restaurant »Shahrzad«, das im Qajar-Stil eingerichtet ist.

DAS BERJANILOKAL

Neben der Kasse im Restaurant »Berjani AZAM« steht: »Essen Sie nach einem Berjan keine Wassermelonen, Gurken oder unreife Pflaumen – da dies kalte Nahrungsmittel sind«. Die Einteilung in warme und kalte Lebensmittel in der persischen Küche geht auf das Dualitätsprinzip im Zoroastrismus zurück. Zur Gruppe der warmen Nahrungsmittel gehören u.a. Datteln, Feigen, Melonen, Trauben, Nüsse und Ingwer. Zur kalten werden z.B. Salate, Pflaumen, Rote Bete und Joghurt gezählt. Traditionell wird beim Kochen und in der Naturheilkunde die Ausgewogenheit zwischen kalt und warm beachtet. Auch die Menschen haben dieser Theorie zufolge eine kalte oder warme Natur. Um gesund zu bleiben, soll durch die Ernährung der Ausgleich geschaffen werden.

BERJAN
LAMMFLEISCH AUF FLADENBROT

6 PORTIONEN

1 kg Lammkeule mit Knochen
1 EL Salz
2 Zwiebeln, geschält, in Streifen
2 TL Salz
1 TL Pfeffer
1 TL Kurkuma
½ TL gemörserte Safranfäden,
in 3 EL heißem Wasser aufgelöst
2 TL Zimt
2 EL Ghee o. Sonnenblumenöl
6 dünne Fladenbrote (Lavasch)

FÜR DIE DEKORATION
3 Walnüsse, halbiert
6 Frühlingszwiebeln, ganz, geputzt
3 Limetten, halbiert
geröstete Mandelstifte (S.136)
Basilikumstengel
Zimt, Sesamsamen

- 1 l Wasser in einem Topf aufkochen, Salz und Fleisch dazugeben, noch einmal aufkochen und Schaum abschöpfen. Zwiebeln, Salz, Pfeffer und Kurkuma dazugeben und 1–1½ Std. leise köcheln lassen.
- Das Fleisch herausnehmen und von den Knochen lösen. Brühe beiseitestellen.
- Das Fleisch feinhacken oder durch einen Fleischwolf drehen und mit Safranwasser und Zimt würzen.
- Ghee in einer Pfanne erhitzen. Fleisch und 100 ml Brühe dazugeben, etwa 10 Min. braten, ab und zu etwas Brühe nachgießen und dann ganz einkochen lassen.
- Fladenbrot im Backofen kurz aufbacken.
- Zum Servieren ein Fladenbrot auf einen Teller legen, mit etwas Brühe besprenkeln. Eine Portion Fleisch in eine kleine Schüssel füllen und auf das Fladenbrot stürzen. Mit Zimt und Sesam bestreuen, mit Mandelstiften und einer Walnusshälfte garnieren. Je eine Frühlingszwiebel, eine halbe Limette und etwas Basilikum dazulegen.
- Brühe in eine Suppenschale gießen und auch mit Zimt und Sesam bestreuen. Das Brot kann beim Essen in die Brühe gebröckelt werden.

Berjan ist eine klassische Isfahaner Spezialität, die traditionell mit ein wenig gekochter feingehackter Lammlunge bestreut wird.

FATEMEH ROGHANI – DIE SPIRITUELLE KÖCHIN
EIN DUFT VON MINZE

Fatemeh, 64, stammt aus Isfahan und war Einkaufsleiterin in einer Firma für Wasser und Abwasser. Nach dem Studium der Englischen Literatur reiste sie viel, am liebsten allein. Aus der Zeit hat sie Freunde in der ganzen Welt. Ihre Söhne, 32 und 34 Jahre alt, hat sie ermuntert, sich auch die Welt anzusehen, solange sie noch keine Kinder haben. Fati liebt Isfahan und seine Geschichte, jeden Abend spaziert sie durch den Hasht Behesht, den Garten der Acht Paradiese zum großen Platz Naqsch-e Dschahān. Die Harmonie, die von diesem Ort ausgeht, vermittelt ihr Ruhe und Geborgenheit. Sie geht jeden Morgen zur Gymnastik (von 5–6 Uhr für Männer, von 7–8 Uhr für Frauen) in den Park.

Fati ist gläubig, meditiert seit 20 Jahren, betet das Zekr, das ähnlich wie ein Rosenkranz repetitiv ist, und erzählt vom Sinn religiöser Rituale. So sei der Sprechgesang eine gute Atemübung, und die rituelle muslimische Waschung öffne die Chakren – das helfe gesund zu bleiben.

Sonntags lädt sie Gäste ein, gemeinsam lesen sie Gedichte und Texte von Rumi, genannt Maulana, dem persischen Mystiker und Derwisch, und sie kocht gern für ihre Gäste, denn für andere zu kochen, sei eine Form der Respekterweisung. Gesunde Küche ist ihr wichtig. Sie kocht gerne vegetarisch und auch chinesisch. Sie weiß viel über die Wirkungen von Gewürzen und Kräutern. So wirkt Basilikumtee z. B. beruhigend oder Dill und Kurkuma senken den Cholesterinspiegel. Safran wiederum macht fröhlich – und wer Safran ins Essen gibt, soll dabei lachen, dann wird der Reis gelber.

Zur Begrüßung serviert sie uns einen Zimttee, dazu gibt es Pulaki aus Isfahan: hauchdünne Zuckerplättchen, die man zum Tee isst, um ihn zu süßen. Traditionell wurden von heißem, geschmolzenem Zucker mit einer Schere Stückchen abgeschnipselt und flachgestempelt, heute werden Pulaki mit Safran, Kardamom, Sesam oder Pistazien versetzt.

Fatemehs Lieblingsgericht ist Ghormeh sabsi.

LUBIA POLO
REIS MIT KARTOFFELKRUSTE, LAMM UND GRÜNEN BOHNEN

6 PORTIONEN

600 g Lammkeule, in 2 cm großen
Würfeln
400 g Basmatireis
3 Zwiebeln, geschält, geviertelt, in
Streifen
3 EL Ghee o. Sonnenblumenöl
400 g grüne Bohnen, geputzt,
in 3 cm großen Stücken
2 EL Tomatenmark
2–3 Knoblauchzehen, gepresst
½ TL Kurkuma
1 TL Advijeh (S. 141)
4 Tomaten, geschält, in Stücken
1–2 getrocknete Limetten, Schale
und Kerne entfernt
½ EL Salz
1 TL schwarzer Pfeffer
1 kleines Stück Ingwer
2–4 Kartoffeln, geschält, in dünnen
Scheiben
½ TL gemörserte Safranfäden, in
1 EL heißem Wasser aufgelöst
etwas Zimt
etwas Kreuzkümmel

FÜR DIE DEKORATION
Berberitzen und Pistazienstifte

**Weitere Informationen zu
Pologerichten auf S. 14–15.**

- Reis waschen und 2 Std. in Salzwasser einlegen.
- Inzwischen 2 EL Ghee in einer Pfanne erhitzen und die Zwiebeln knusprig rösten. Das Fleisch dazugeben und 5 Min. weiterbraten. Die Bohnen dazugeben und 5 Min. weiterbraten.
- Tomatenmark, Knoblauch, Kurkuma und Advijeh dazugeben und kurz mitbraten. Tomaten, Limetten und 250 ml Wasser dazugeben und bedeckt bei geringer Hitze 30–50 Min. garen, bis das Fleisch weich und die Flüssigkeit eingekocht ist.
- Mit Salz und Pfeffer abschmecken und Ingwer darüberreiben, beiseitestellen.
- 2½ l Wasser mit etwas Salz in einem Topf aufkochen. Den Reis dazugeben und in 8–10 Min. knapp gar kochen. In ein großes Sieb abgießen, mit wenig kaltem Wasser abschrecken und gut abtropfen lassen.
- In einem beschichteten Topf 1 EL Ghee mit Safranwasser erwärmen, den Boden mit Kartoffelscheiben belegen.
- Nun ¼ vom Reis in den Topf geben, darauf ⅓ vom Fleisch-Bohnen-Gemisch schichten, mit etwas Zimt und Kreuzkümmel bestreuen. Lage um Lage zu einem Hügel schichten.
- Den geschlossenen Topf kurz stark erhitzen. Den Deckel gelegentlich anheben und prüfen, ob Dampf aufsteigt, dann ein Tuch zwischen Topf und Deckel legen und alles bei ganz geringer Hitze 30 Min. garen.
- Den Reis vorsichtig auf eine Platte stürzen, die Kruste soll goldbraun und knusprig sein.
- Mit Berberitzen und Pistazienstiften bestreuen.

Dieses traditionelle Gericht wird gern mit Mast o Khiar (S. 79), Salad Schirasi (S. 25), Sabsi Khordan (S. 25) und Torschi (S. 97) serviert.

آبالو پلو

ALBALU POLO
REIS MIT JOGHURTKRUSTE, SAUERKIRSCHEN UND HUHN

5 PORTIONEN

500 g Hühnerbrust, in Streifen
300–400 g Basmatireis
500 g entsteinte Sauerkirschen,
frisch o. aus dem Glas
60 g Zucker
1 EL Essig
7 EL Sonnenblumenöl
1½ TL gemörserte Safranfäden, in
8 EL heißem Wasser aufgelöst
1 TL Kurkuma
100 g Joghurt (3,5–5 %)
2 Zwiebeln, geschält, in Streifen
1 TL Zimt
Salz, Pfeffer

FÜR DIE DEKORATION
Pistazienstifte und Sauerkirschen

Albalu Polo ist eine Spezialität aus
Isfahan und wird auch gerne ohne
Fleisch gegessen.

Weitere Informationen zu
Pologerichten auf S. 14–15.

- Reis waschen und 2 Std. in Salzwasser einlegen.
- Sauerkirschen mit Zucker mischen und beiseitestellen.
- Für den abgegossenen Reis mit Joghurtkruste 2 l Wasser mit etwas Salz in einem Topf aufkochen. Den Reis mit dem Essig in 8–10 Min. knapp gar kochen.
- In ein großes Sieb abgießen, mit wenig kaltem Wasser abschrecken und gut abtropfen lassen.
- 3 EL Öl, 4 EL Safranwasser und den Joghurt mit 2 Kellen Reis vermischen.
- 1 EL Öl in einen beschichteten Topf geben und die Joghurt-Reis-Mischung hineingeben.
- Sauerkirschen abgießen, ein paar Kirschen für die Dekoration zurücklegen und den Saft beiseitestellen.
- 1–2 Kellen Reis und Sauerkirschen abwechselnd zu einem Hügel schichten. 1 EL Öl darüber träufeln.
- Den geschlossenen Topf kurz stark erhitzen. Den Deckel gelegentlich anheben und prüfen, ob Dampf aufsteigt, dann ein Tuch zwischen Topf und Deckel legen und alles bei ganz geringer Hitze 30 Min. garen. Ab und zu mit etwas Sauerkirschsaft begießen.
- 2 EL Öl in einer Pfanne erhitzen und die Zwiebeln knusprig rösten.
- Die Hühnerstreifen dazugeben und kurz mitbraten. 4 EL Safranwasser und Kurkuma unterrühren und 5–10 Min. zugedeckt bei geringer Hitze garen. Mit Zimt, Salz und Pfeffer abschmecken und beiseitestellen.
- Zum Servieren den Reis auf eine Platte schöpfen, die Hühnerstreifen daraufgeben und mit Pistazienstiften und Kirschen garnieren. Die Reiskruste vom Boden lösen und in Stücken um den Reis drapieren oder auf einem separaten Teller dazu servieren.

KABAB HOSSEINI
LAMMSPIESSCHEN MIT ZWIEBELN

6 PORTIONEN

12 etwa 20 cm lange Holzspießchen
(Topfgröße beachten)
1,2 kg Lammfilet, in 3 cm
großen Würfeln
3 Zwiebeln, geschält, in Streifen
5 Zwiebeln, geschält
4 EL Sonnenblumenöl
1 rote Paprika, geputzt, in Streifen
1 gelbe Paprika, geputzt, in Streifen

FÜR DIE SAUCE
2 EL Tomatenmark
2 EL Limettensaft
½ EL Salz
1 TL schwarzer Pfeffer
2 TL Zimt

- Öl in einer Pfanne erhitzen, Zwiebelstreifen knusprig
  rösten und beiseitestellen.
- Die 5 ganzen Zwiebeln vierteln und von Hand in ein-
  zelne Schalen teilen.
- Spießchen abwechselnd mit Zwiebel- und
  Fleischstücken bestecken.
- Die Hälfte der gerösteten Zwiebelstreifen in einen Topf
  geben, die Spießchen darauf legen und den Rest der
  Zwiebelstreifen dazwischen stecken.
- Etwa 500 ml heißes Wasser angießen. Die Spießchen
  sollen knapp bedeckt sein. Zugedeckt 30 Min. bei ge-
  ringer Hitze garen, bei Bedarf Wasser nachgießen.
- Tomatenmark mit 200 ml heißem Wasser, Limettensaft,
  Salz, Pfeffer und Zimt mischen und über die Spießchen
  gießen.
- Nach weiteren 30 Min. die Paprikastreifen dazugeben
  und erneut 30 Min. garen. Das Fleisch soll weich und
  zart, die Flüssigkeit reduziert sein.
- Mit Reis und Fladenbrot servieren.

*Dieses Gericht ist typisch für die Gegend um Isfahan.
Wer Säure mag, gibt ein Glas iranische unreife Trauben
oder mehr Limettensaft hinzu. Wer es nicht so sauer mag,
kann kleine süße Trauben oder Rosinen dazugeben.*

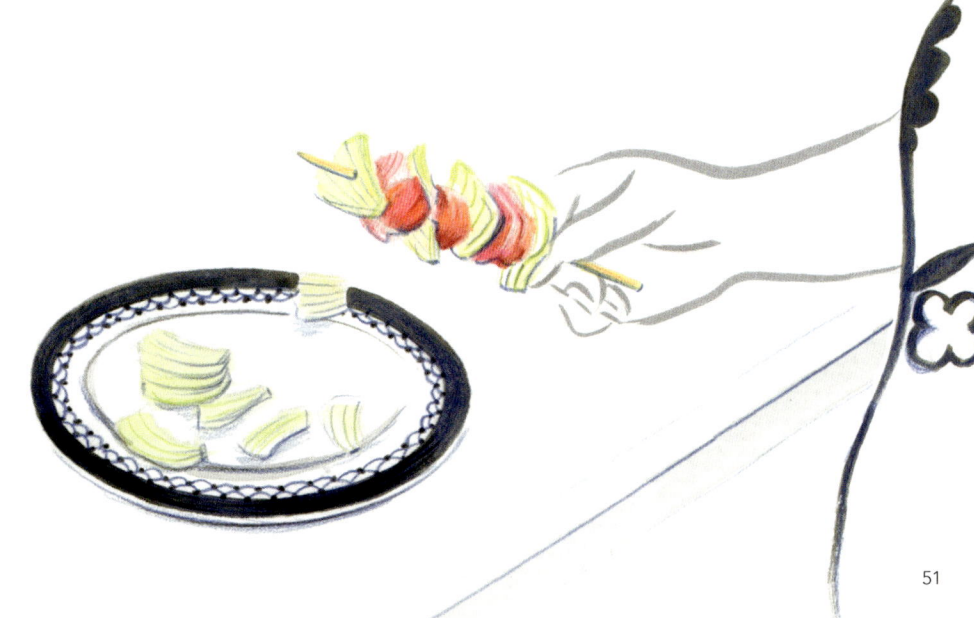

HALVA HAVIJ
KAROTTENHALVA

6 PORTIONEN

500 g Karotten, geputzt,
grobgerieben
100 g Zucker
30 g Reismehl
1–2 EL Rosenwasser
½ TL frisch gemörserter Kardamom
2 EL Butter

FÜR DIE DEKORATION
50 g Pistazien- o. Mandelsplitter,
Rosenblätter und Zimt

- Karotten mit 200 ml Wasser und Zucker in einem Topf aufkochen. Bei geringer Hitze zugedeckt 30 Min. köcheln lassen.
- Die Karotten stampfen oder pürieren.
- Das Reismehl in einem Topf ohne Fett unter Rühren bei mittlerer Hitze hellbraun rösten und in das Karottenpüree rühren.
- Rosenwasser, Kardamom und Butter dazugeben und bei geringer Hitze 15–20 Min. weiterrühren, bis die Masse dick und glatt ist.
- Das Halva in eine flache Form füllen. Abkühlen lassen.
- Mit Mandel- oder Pistaziensplittern, Zimt und Rosenblättern dekorieren.
- Zum Servieren Portionen dieses weichen Halvas mit einem Löffel abstechen.

Halva Havij ist vor allem in Isfahan bekannt. Statt Zucker kann auch Honig oder Traubendicksaft verwendet werden.

SOHAN ASALI
KARAMELLPLÄTZCHEN MIT PISTAZIEN

FÜR 15–25 PLÄTZCHEN

400 g Zucker
150 ml Sonnenblumenöl o. Ghee
150 g Honig
1 EL Ghee
300 g Mandelstifte
½ TL gemörserte Safranfäden,
in 1 EL heißem Wasser aufgelöst
75 g Pistazienstifte

- Zucker, Öl, Honig, Ghee und 80 ml Wasser in einen Topf geben und bei mittlerer Hitze aufkochen.
- Mandelstifte dazugeben und solange rühren, bis der Zucker hellbraun ist. Die Konsistenz soll wie Sirup sein. Safranwasser hineinrühren.
- Ein Backblech mit Backpapier belegen. Die Masse mit einer Schöpfkelle in runder Form (ø 6–8 cm) darauf gießen.
- Die Pistazienstifte darauf verteilen. Abkühlen lassen.
- Beim Aufeinanderschichten Butterbrotpapier zwischen die Plätzchen legen, sonst kleben sie zusammen.

SCHARBAT-E RIVAS
RHABARBERSIRUP

1 kg Rhabarber, gewaschen,
in 2 cm großen Stücken
200 ml Wasser
500 g Zucker
Saft von 1–2 Limetten

FÜR DIE DEKORATION
Rosenwasser und Borretschblüten

Die rote Haut gibt die schöne Farbe.

- Die Rhabarberstücke in wenig Wasser weichkochen. Etwas abkühlen lassen und den Saft durch ein Tuch pressen.
- Wasser und Zucker kochen, bis der Zucker aufgelöst ist. Den Rhabarber- und Limettensaft dazugießen und auf mittlerer Hitze kochen, bis eine Sirupkonsistenz erreicht ist, das dauert etwa 30–60 Min. Konsistenz auf einem Tellerchen testen.
- Abkühlen lassen, Schaum abschöpfen und in eine heiß ausgespülte Flasche abfüllen.
- Mit Eiswürfeln und nach Wunsch mit wenig Rosenwasser oder Borretschblüten servieren.

SEKANDSCHABIN
ESSIG-MINZ-SIRUP

200 ml Wasser
400 g Zucker
100 ml weißer Trauben- o. Obstessig
20 g Minze, geputzt

FÜR DIE DEKORATION
Gurke und Minzblättchen

- Wasser und Zucker kochen, bis der Zucker aufgelöst ist. Auf mittlerer Hitze weitere 15 Min. einkochen.
- Essig dazugeben und auf mittlerer Hitze 10–20 Min. kochen, bis eine Sirupkonsistenz erreicht ist. Konsistenz auf einem Tellerchen testen.
- Topf vom Herd nehmen und Minze dazugeben. Abkühlen lassen, Schaum abschöpfen und durch ein Sieb abseihen, abfüllen.
- Mit Wasser aufspritzen, frisch geriebene Gurke und Eiswürfel dazugeben, mit Minzblättchen dekorieren.

Dieser alkoholfreie Aperitif ist ein wunderbares Erfrischungsgetränk. In Iran ist es sehr beliebt, Lattich in Sekandschabin zu tunken und als Fingerfood zu essen.

MAHSHID AHMADPANAH – DIE GLOBALE KÖCHIN
EIN DUFT VON REIS

Mashid, 62, ist in Maschhad, im Nordosten in der Nähe der afghanischen Grenze aufgewachsen. Sie hat in Schiras Englisch studiert. Während einer Hochzeit lernte sie den Architekten Mahmoud aus Isfahan kennen. Sie heirateten und lebten acht Jahre in Isfahan. In dieser Zeit bekamen sie drei Kinder. Noch nach der Revolution ging sie kurzärmlig und ohne Kopftuch auf die Straße, doch mit Beginn des Iran-Irak-Krieges begannen die Einschränkungen für Frauen. Als Bomben auf Isfahan fielen, flüchteten sie mit den drei kleinen Kindern nach Frankreich und von dort weiter nach Vancouver, wo sie 19 Jahre blieben. Als ihr jüngster Sohn zu studieren begann, zogen Mahshid und Mahmoud zurück nach Isfahan. Mahmoud hatte Sehnsucht nach seiner Heimatstadt. Ein Sohn und eine Tochter sind in Vancouver geblieben, der andere Sohn lebt in Dubai. Mashid spricht mehrere Sprachen und unterstützt mit Übersetzungen Isfahaner Organisationen wie »Frauen gegen Umweltverschmutzung«.

Zu Kochen begann Mahshid, als die Kindern kamen. Sie kocht gerne, backt ihr eigenes Brot, macht Obst und Gemüse ein und stellt ihren eigenen Joghurt her. Je länger er in der Wärme steht, desto saurer wird er. Wenn er zu gären beginnt, macht sie damit Dugh. Sie kocht auch gern indisch, thailändisch und amerikanisch und sucht in Foodblogs nach Rezepten aus allen möglichen Ländern. Ihre Tochter und einer ihrer Söhne kochen ebenfalls gerne und veranstalten iranische Partys in Kanada.

Am Abend spazieren wir von der 33-Bogenbrücke Si-o-Seh-Pol zur Khajou-Brücke. Hier singen und tanzen die Leute jede Nacht bis in die frühen Morgenstunden. Wir schauen zu, trinken frisch gepressten Karottensaft mit Safraneis und essen süße Pfirsiche aus Mahmouds Garten. Sie sind außen grün, um den Kern herum rot und schmecken wunderbar.

Mahshids iranisches Lieblingsessen ist Ghormeh Sabsi.

ASCH-E ALU
SÄMIGE SÜSSSAURE PFLAUMENSUPPE

6 PORTIONEN

200 g getrocknete Pflaumen,
entsteint
2–3 rote Zwiebeln, geschält,
in Streifen
2 EL Sonnenblumenöl
1 TL Kurkuma
1 TL Zimt
1,5 l Wasser
1 Würfel Gemüsebrühe
100 g gelbe Schälerbsen,
gewaschen
120 g Jasminreis
50 g Petersilie, geputzt, feingehackt
50 g Koriandergrün, geputzt, feingehackt
100 g Tareh (iran. Schnittlauch),
geputzt, feingehackt
150 g Spinat, geputzt, feingehackt
Salz, Pfeffer

FÜR DIE DEKORATION
2 EL Sonnenblumenöl, 1 EL getrocknete Minze und geröstete
Zwiebelringe, nach Belieben

*Asch-e Alu wird üblicherweise heiß
gegessen, schmeckt aber auch kalt.*

- Pflaumen 2 Std. in Wasser einweichen.
- Öl in einer Pfanne erhitzen, die Zwiebeln knusprig rös-
  ten, Kurkuma und Zimt dazugeben.
- Das Wasser, Brühwürfel, Schälerbsen und Reis dazuge-
  ben und auf geringer Hitze etwa 30 Min. kochen.
- Kräuter, Spinat und Pflaumen dazugeben. Ab und zu
  Wasser nachgießen.
- Die Suppe 30–60 Min. auf geringer Hitze weiter-
  kochen, bis die Reiskörner sich fast aufgelöst haben.
  Mit Salz und Pfeffer abschmecken.
- Die Minze im Öl kurz anrösten (sie soll ihre grüne
  Farbe nicht verlieren) und über die Suppe träufeln.
- Nach Wunsch mit den gerösteten Zwiebelringen deko-
  rieren.

BAGHALI POLO
REIS MIT KARTOFFELKRUSTE, FAVABOHNEN UND DILL

6 PORTIONEN

350 g frische geschälte Favabohnen
o. 150 g trockene geschälte
350 g Reis
1 EL Joghurt o. Essig
2 EL Sonnenblumenöl
1 TL gemörserte Safranfäden,
in 4 EL heißem Wasser aufgelöst
2–4 Kartoffeln, geschält, in dünnen
Scheiben
3 Knoblauchzehen, abgezogen
20 g Dill, feingehackt
3 EL getrockneter Dill
1 TL Zimt

FÜR DIE DEKORATION
2 EL Berberitzen, 1 TL Zucker,
1 TL Butter und 1 EL Pistazienstifte

**Weitere Informationen zu
Pologerichten auf S. 14–15.**

- Getrocknete Favabohnen über Nacht in Wasser einweichen.
- Reis waschen und 2 Std. in Salzwasser einlegen.
- Favabohnen in Salzwasser etwa 10 Min. kochen, bis sie weich sind, aber in Form bleiben. Beiseitestellen.
- 2 l Wasser mit etwas Salz und Joghurt in einem Topf aufkochen. Den abgegossenen Reis dazugeben und in 8–10 Min. knapp gar kochen. In ein großes Sieb abgießen, mit wenig kaltem Wasser abschrecken und gut abtropfen lassen.
- In einem beschichteten Topf 1 EL Öl mit 2 EL Safranwasser schmelzen lassen und den Boden mit Kartoffelscheiben belegen.
- Nun ¼ vom Reis in den Topf geben, darauf ⅓ der Favabohnen sowie eine Knoblauchzehe legen. ⅓ des Dills daraufgeben und mit etwas Zimt überstreuen. In dieser Reihenfolge weiterschichten, bis alles aufgebraucht ist.
- Den geschlossenen Topf kurz stark erhitzen. Den Deckel gelegentlich anheben und prüfen, ob Dampf aufsteigt, dann 1 EL Öl über den Reis träufeln, ein Tuch zwischen Topf und Deckel legen und alles bei ganz geringer Hitze 30 Min. garen.
- Die Berberitzen in Butter mit Zucker und 2 EL Safranwasser kurz erhitzen.
- Den Reis vorsichtig auf eine Platte stürzen, die Kruste soll goldbraun und knusprig sein.
- Mit den Berberitzen und Pistazienstiften dekorieren.

*Traditionell wird dieser Reis mit Lammfleisch serviert,
z. B. Khorak-e Mahitsche (S. 96).*

KHORESCHT-E BADEMDSCHAN
LAMMRAGOUT MIT AUBERGINEN UND TOMATEN

6 PORTIONEN

500 g Lammfleisch (Schulter o.
Keule), in 3–4 cm großen Würfeln
2 große Zwiebeln, geschält, feingehackt
3 EL Sonnenblumenöl
3 Knoblauchzehen, gepresst
2 TL Kurkuma
1 TL Zimt
1 Prise Muskat
1 TL Salz
1 TL Pfeffer
1 TL gemörserte Safranfäden, in
2 EL heißem Wasser aufgelöst
6 Tomaten, geschält, grobgehackt
1 EL Tomatenmark
Saft einer Limetten, o. 2 getrocknete
Limetten ohne Schale und Kerne
5–6 Auberginen, geschält
1 Eiweiß
5 Tomaten, gewaschen, in Scheiben

- 2 EL Öl in einer Pfanne erhitzen und die Zwiebeln knusprig rösten. Knoblauch und Lammfleisch dazugeben und 5 Min. mitbraten. Mit den Gewürzen bestreuen, Safranwasser hineingeben und verrühren.
- Tomaten, Tomatenmark und Limettensaft dazugeben.
- 500 ml Wasser angießen und etwa 1–1½ Std. bei geringer Hitze garen, bis das Fleisch weich ist.
- Backofen auf 150 °C vorheizen.
- Auberginen längs in 3–4 Scheiben schneiden und mit Eiweiß einreiben, dadurch absorbieren sie weniger Öl.
- 1 EL Öl in einer Pfanne erhitzen und die Auberginen portionsweise auf beiden Seiten anbraten.
- Das Fleisch mit der Sauce in eine gefettete Auflaufform geben, mit den Auberginen belegen und etwas Salz bestreuen. Die Tomatenscheiben darauflegen und nochmal mit etwas Salz bestreuen. Im Backofen etwa 1½–2 Std. garen.
- Mit Reis servieren.

Khorescht-e Bademdschan kann auch mit Rind oder Huhn zubereitet werden. Mit gelben Schälerbsen, Lamm und Auberginen heißt das Gericht Gheymeh Bademdschan.

Strauch in Form eines Pfaus im Garten der Acht Paradiese

DOLMEH-JE FELFEL VA BADEMDSCHAN
GEFÜLLTE PAPRIKA UND AUBERGINEN

4–8 PORTIONEN

4 rundliche Auberginen
4 Paprika, rot, gelb, grün

FÜR DIE FÜLLUNG
150 g Rinderhackfleisch
100 g gelbe Schälerbsen, gewaschen
100 g Reis
1 Zwiebel, feingehackt
2 EL Olivenöl
3 Knoblauchzehen, feingehackt
1½ TL Zimt
½ TL Kurkuma
1 EL Salz
½ TL schwarzer Pfeffer
6 große Tomaten, gewaschen, grob-
gerieben
je 40 g Bohnenkraut, Minze,
Basilikum u. Estragon, geputzt,
feingehackt

FÜR DIE SAUCE
1 Zwiebel, geschält, feingehackt
2 EL Olivenöl
½ TL Kurkuma
1 EL Tomatenmark
1 TL Salz
½ TL roter Pfeffer
Saft von 2 Limetten

*Dolmeh werden vor allem in Aserbai-
dschan zubereitet. Mit dieser Füllung
werden auch Weinblätter, Tomaten
und Zwiebeln gefüllt.*

- Schälerbsen in Salzwasser weichkochen. Abgießen und beiseitestellen.
- Reis in Salzwasser halbgar kochen. Abgießen und beiseitestellen.
- Die Auberginen waschen und die Stiele großzügig als Deckel abschneiden. Mit einem Esslöffel das Fruchtfleisch herausschaben, bis etwa 1 cm dicke Wände übrigbleiben. In Salzwasser legen. Fruchtfleisch feinhacken.
- Bei der Paprika großzügig die Stiele als Deckel abschneiden, Schoten entkernen und waschen.
- Öl in einer Pfanne erhitzen und die Zwiebeln knusprig rösten. Fleisch und Knoblauch dazugeben und kurz weiterbraten. Mit Zimt, Kurkuma, Salz und Pfeffer würzen. Die Hälfte der Tomaten und die gehackten Auberginen dazugeben und bei geringer Hitze 10 Min. kochen. Schälerbsen, Reis und Kräuter hineinrühren. Abschmecken und beiseitestellen.
- Für die Sauce Zwiebeln in Öl in einer Pfanne knusprig rösten. Kurkuma und die zweite Hälfte der Tomaten dazugeben. 500 ml Wasser, Tomatenmark, Gewürze und Limettensaft hineingeben und 10 Min. einkochen lassen.
- Die Auberginen abtrocknen und gemeinsam mit den Paprikaschoten füllen. Die Deckel aufsetzen und die unteren Hälften der gefüllten Gemüse einige Male mit einem Messer einstechen, damit die Sauce eindringen kann.
- Die gefüllten Gemüse nebeneinander in einen Topf stellen, mit Sauce übergießen und bei geringer Hitze 40–60 Min. zugedeckt garen. Mit Joghurt und Fladenbrot servieren.

FERENI
REISPUDDING MIT ROSENWASSER

8–12 PORTIONEN

900 ml Vollmilch
100 g Reismehl
1–2 TL frisch gemörserter Kardamom
30 g Maisstärke
150 g Zucker
200 ml Sahne
2–6 EL Rosenwasser

FÜR DIE DEKORATION
2 EL Pistazienstifte o. geröstete
Mandelstifte, Rosenblätter und Zimt

- Milch in einem Topf erwärmen.
- Reismehl mit Kardamom mischen und unter Rühren zur Milch geben.
- Maisstärke in 150 ml kaltem Wasser auflösen und dazugießen. Zucker und Sahne dazugeben.
- Auf starker Hitze mit dem Schneebesen kräftig schlagen, bis die Maisstärke abbindet. Die Konsistenz soll jetzt so sein, dass ein mit einem Löffel in die Masse gedrücktes Muster nicht gleich wieder verschwindet. Das Rosenwasser hineingießen und verrühren.
- Die Masse in Schälchen gießen, abkühlen lassen und dekorieren. Kalt servieren.

Traditionell wird Fereni ohne Sahne zubereitet. Dann sollte die Milchmenge auf 1 l erhöht werden.

MAHTAB MIRRAMAZANI – DIE BLÜHENDE KÖCHIN
EIN DUFT VON SAFRAN UND ZIMT

Mahtab, 32, ist in Isfahan geboren. Der Name Mahtab bedeutet Mondschein. Sie wohnt mit ihrer Schwester Marveh bei ihrer Mutter Nahid, einer Psychologin und Dozentin an der Universität Isfahan.

Mahtab hat Gesundheitswissenschaft und Hygiene studiert und dann zwei Jahre lang Köchin gelernt. Ihre Schwester Marveh ist 30 und Maskenbildnerin. Beide sind noch unverheiratet. In ihrer Generation fehlen die Männer, viele sind im Iran-Irak-Krieg gefallen, und viele gut ausgebildete Männer gehen ins Ausland.

Mahtab betreibt von zuhause aus ein Kosmetik-Geschäft und einen Catering-Service. Sie nimmt Bestellungen für süße Backwaren entgegen und bietet ihren Catering-Service für bis zu 50 Personen an. Am Neujahrsfest Nouruz im Frühling erhält sie mehr Aufträge, als sie bewältigen kann. Für Kindergeburtstage backt und gestaltet sie fantasievolle Kuchen. Sie möchte ihr Confiserie-Geschäft ausbauen und eine Schule dafür eröffnen. Mahtab ist eine blühende Frau, die sich selbst als sensibel, gefühlvoll, romantisch und ehrgeizig beschreibt. Sie wünscht sich Mann und Kinder, würde dann aber auch gerne weiterarbeiten. Ihr Partner soll traditionell, intellektuell gebildet sein und einen guten Charakter haben. Weil sie aus einer traditionellen und angesehenen Familie kommt, muss der Kontakt von einer Vermittlerin gemacht werden. Infrage kommen Männer im Alter zwischen 35 bis 50 Jahren.

Zum Aperitif serviert sie uns Sauerkirschlimonade, selbstgemachte Baklava und Teegebäck. Zum Essen stellt sie Berberitzen- und Quittenmarmelade auf den Tisch.

Mahtabs Lieblingsgericht ist Tahtschin-e Morgh.

SCHAMI-E PUK
FRITTIERTE ERBSEN-HACKFLEISCH-BÄLLCHEN

FÜR 25–30 BÄLLCHEN

250 g Lamm- o. Rinderhackfleisch
250 g gelbe Schälerbsen
1 Zwiebel, feingehackt
je 1 TL Salz u. Pfeffer
1 TL Kurkuma
3 Eier
1 TL Backpulver
½ TL gemörserte Safranfäden,
in 2 TL heißem Wasser aufgelöst
1 TL Salz
½ TL Pfeffer
½ TL Kurkuma
200–300 ml Pflanzenöl zum Frittieren

- Schälerbsen in Salzwasser knapp weichkochen. Sie sollen noch leicht Biss haben. Abgießen und gut abtropfen lassen.
- Fleisch mit Zwiebeln, Salz, Pfeffer und Kurkuma in 100 ml Wasser kochen, bis die Flüssigkeit ganz eingekocht ist.
- Schälerbsen mit dem Fleisch zweimal durch ein Passiergerät geben (Fleischwolf oder Flotte Lotte) bzw. sehr sorgfältig stampfen.
- Die Eier mit Backpulver, Safranwasser und den Gewürzen verquirlen und zur Fleisch-Erbsen-Masse geben. Gut miteinander vermengen. Die Masse soll feucht, aber nicht flüssig sein. Falls die Masse zu nass ist, etwas Panier- oder Kichererbsenmehl beifügen. Ist sie zu trocken, etwas Flüssigkeit angießen.
- Öl in einer Pfanne erhitzen.
- Etwa 5 cm große Bällchen formen, leicht flach drücken, mit dem Finger vorsichtig ein Loch in die Mitte bohren (wie bei einem Bagel) und ins Öl geben. Die Bällchen etwa 2 Min. bei mittlerer Hitze frittieren und auf Küchenpapier abtropfen lassen.

Anfänger sollten die Schami-e Puk erst einmal wie eine Falafel ohne Loch formen. Schami-e Puk werden sowohl als Vor- als auch als Hauptgericht gereicht. Dazu passt Sabsi Khordan (S. 25) und Joghurt.

TAHTSCHIN-E MORGH
REISKUCHEN MIT HUHN, EI UND BERBERITZEN

6–8 PORTIONEN

FÜR DAS FLEISCH
500 g Hühnerbrust
1 Zwiebel, geschält, in Streifen
1 EL Sonnenblumenöl
Salz, Pfeffer

FÜR DIE MARINADE
100 g Joghurt
2 EL Limettensaft
1 TL Zucker
1 TL schwarzer Pfeffer
½ TL gemörserte Safranfäden,
in 3 EL heißem Wasser aufgelöst

FÜR DEN REIS
500 g Basmatireis
2 Eier
2 Eigelb
500 g fester Joghurt (3,5–5%)
1 TL gemörserte Safranfäden,
in 2 EL heißem Wasser aufgelöst
2 TL Salz
½ TL Pfeffer
2 TL Zimt
100 ml Sonnenblumenöl o. Ghee
2–3 EL Berberitzen

FÜR DIE DEKORATION
2 EL Berberitzen, 1 EL
Sonnenblumenöl, 1 TL Zucker
und 1–2 EL Pistazienstifte

- Alle Zutaten für die Marinade miteinander vermengen.
- In einem Topf die Zwiebel in Öl kurz anrösten. Huhn, Salz, Pfeffer und 100 ml Wasser dazugeben, auf geringer Hitze 30 Min. zugedeckt kochen.
- Huhn herausnehmen und Brühe beiseitestellen.
- Huhn in 3–4 cm große Stücke schneiden, unter die Marinade heben und mind. 4 Std. kühlstellen.
- Reis waschen und 2 Std. in Salzwasser einlegen.
- Backofen auf 180 °C vorheizen.
- 2½ l Wasser mit etwas Salz in einem Topf aufkochen, den Reis dazugeben und in 8–10 Min. knapp gar kochen. In ein großes Sieb abgießen, mit wenig kaltem Wasser abschrecken und gut abtropfen lassen.
- Eier und Eigelb in einer großen Schüssel schaumig schlagen. Joghurt und Gewürze zu den Eiern geben.
- Die abgeseihte Hühnerbrühe und den Reis zu der Ei-Joghurt-Masse geben. Ghee in einem Bräter erhitzen und ⅔ der Reismasse hineingeben.
- Die Hühnerstücke darauf verteilen und die Berberitzen darüber streuen, dann mit der restlichen Reismasse bedecken.
- Den geschlossenen Topf kurz stark erhitzen. Den Deckel gelegentlich anheben und prüfen, ob Dampf aufsteigt, dann im Backofen im geschlossenen Topf 1½–2 Std. backen. Der Reis soll unten und oben eine Kruste haben.
- Berberitzen mit Öl, 1 EL Wasser und Zucker in einem Pfännchen kurz erhitzen.
- Den Reis auf eine Platte stürzen und mit den warmen Berberitzen und Pistazienstiften dekorieren.

KHORESCHT-E FESENDSCHAN
HÜHNERRAGOUT MIT WALNUSS-GRANATAPFEL-SAUCE

6 PORTIONEN

FÜR DIE SAUCE
250 g Walnüsse, gerieben
½ TL Kurkuma
½ TL Salz
½ TL Pfeffer
100–200 ml Granatapfelkonzentrat,
je nach Säuregehalt

FÜR DAS FLEISCH
500 g Hühnerbrust, in 4 cm großen
Stücken
1 EL Öl
1 Zwiebel, geschält, feingehackt
1 TL Kurkuma
1 TL Salz
1 TL Pfeffer
1 Knoblauchzehe, gepresst
½ TL Zimt
¼ TL gemörserte Safranfäden,
in 1 EL heißem Wasser aufgelöst

FÜR DIE DEKORATION
halbierte Walnüsse und
Granatapfelkerne

- In einem Topf 400 ml Wasser erhitzen und Walnüsse mit den Gewürzen auf geringer Hitze zugedeckt 1 Std. köcheln, bis das Nussöl austritt. Wenn die Masse zu dick wird, Wasser nachgießen. Wer es weniger fett mag, kann vom Nussöl abschöpfen.
- Granatapfelkonzentrat dazugeben und etwa 1 Std. bei geschlossenem Deckel auf geringer Hitze weiterkochen. Ab und zu rühren.
- In der Zwischenzeit die Zwiebeln mit dem Kurkumapulver in Öl knusprig rösten.
- Die Hühnerstücke mit den Gewürzen dazugeben und 20–30 Min. zugedeckt auf geringer Hitze garen.
- Hühnerstücke unter die Sauce mischen und etwa 5 Min. ziehen lassen, abschmecken.
- In einer Schüssel anrichten und mit Granatapfelkernen und Walnüssen garnieren.
- Mit Reis servieren.

Eine gute Fesendschan-Sauce wird 2–3 Std. gekocht. Die zeitintensive Sauce kann jedoch in großen Mengen zubereitet und eingefroren werden. Das Gericht kann auch mit Ente oder Kalbfleischbällchen zubereitet werden. Für die vegetarische Variante Schischandas brät man anstelle von Huhn 400 g Kürbisstücke mit einer grobgehackten Zwiebel an. Etwas Kurkuma und Zimt dazugeben, zugedeckt 10 Min. weichgaren und zur Sauce geben.

KHORESCHT-E MAST
SÜSSE JOGHURT-LAMM-SPEISE

6 PORTIONEN

300 g Lammfleisch (Hals mit
Knochen oder Schulter), in Stücken
1 Zwiebel, geschält, halbiert
½ TL Pfeffer
1 kg fester Joghurt (3,5–5%)
200 g Zucker
1 Eigelb
1 TL gemörserte Safranfäden, in
2 EL heißem Wasser aufgelöst

FÜR DIE DEKORATION
100 g Mandelstifte, 2 EL Berberitzen,
1 TL Zucker, ½ EL Sonnenblumenöl
und Pistazienstifte

*Khorescht-e Mast ist eine traditionel-
le Spezialität aus Isfahan und wird
entweder als Hauptspeise mit Reis oder
als Süßspeise gegessen. Mandel- und
Pistazienstifte können übrigens gut
im Gefrierfach aufbewahrt werden.
Khorescht-e Mast ist auch mit Rind
oder Huhn lecker.*

- Dieses Gericht am Vortag zubereiten, damit die Masse durchziehen und fest werden kann.
- Fleisch mit Zwiebel und Pfeffer in 1½ l Wasser aufkochen, Schaum abschöpfen und in 1½ Std. sehr weichkochen.
- Joghurt und Zucker in einer Schüssel verrühren und mind. 20 Min. stehenlassen, damit sich der Zucker auflöst. Vor der Weiterverarbeitung kräftig durchrühren.
- Das abgekühlte Fleisch aus dem Topf nehmen, von den Knochen lösen, Fett entfernen und mit einem Kartoffelstampfer zu Mus stampfen.
- Ein Drittel des Joghurts löffelweise dazugeben und weiterstampfen.
- Das Eigelb mit 1 EL Safranwasser verquirlen und mit dem restlichen Joghurt unter die Lamm-Joghurt-Masse mischen.
- In eine Form füllen, mit Folie bedecken und kühlstellen. Über Nacht fest werden lassen.
- 50 g Mandelstifte in einer Pfanne kurz rösten, mit 1 EL Safranwasser mischen und trocknen lassen.
- Vor dem Servieren die Berberitzen mit Zucker, Öl und etwas Wasser in einem Pfännchen kurz erhitzen. Die Joghurt-Lamm-Speise mit Berberitzen, Mandel- und Pistazienstiften dekorieren. Kalt servieren.

BAGHLAVA
BAKLAVA

FÜR 1 BLECH (30 x 40 cm)

FÜR DEN ZUCKERSIRUP
100 g Zucker
100 ml Wasser
100 ml Rosenwasser

FÜR DIE FÜLLUNG
400 g gemahlene Mandeln
200–300 g Puderzucker
½–1 EL frisch gemörserter
Kardamom

FÜR DEN TEIG
1 Eigelb
½ TL Puderzucker
3–4 TL Sonnenblumenöl
½ EL Ghee
175 g Mehl
etwas Sonnenblumenöl

oder 8 Filoteigblätter fertig gekauft
(30 x 40 cm)

Diese Baklava sind weniger süß als die
türkischen, und der Füllung können
auch noch geriebene Pistazien beige-
mischt werden.

- Backofen auf 200 °C vorheizen.
- Für den Sirup alle Zutaten zusammen aufkochen, bis sich der Zucker aufgelöst hat. Beiseitestellen.
- Für die Füllung alle Zutaten miteinander vermengen und beiseitestellen.
- Für den Teig Ei, Puderzucker, Öl und Ghee mit 100 ml Wasser gut verrühren. Unter ständigem Rühren das Mehl dazusieben, kneten und zu vier Bällchen formen.
- Eine Unterlage mit Mehl bestreuen und ein Bällchen nach dem anderen darauf hauchdünn auf 30 x 40 cm ausrollen. Den ausgerollten Teig um einen Baklavastab oder ein Rundholz rollen und auf einem gebutterten Backblech wieder ausrollen.
- Zur Herstellung der Baklava zwei Teigblätter aufeinanderlegen und mit Öl bepinseln. Die Mandelmischung darauf verteilen, leicht anpressen und mit zwei weiteren bepinselten Teigblättern bedecken.
- Vom gekauften Filoteig jeweils vier Lagen Teig für den Boden und den Deckel der Baklava verwenden, da dieser sehr dünn ist.
- Den Rand abschneiden und den gefüllten Teig in kleine Quadrate oder Rauten (1,5–3 cm) schneiden.
- Im Backofen auf oberer Schiene 40 Min. backen.
- Gut sind die Baklava, wenn der Teig leicht blättrig und die Oberfläche leicht braun ist.
- Die Baklava am Rand mit einem Messer lösen, die Stücke nachschneiden und leicht abkühlen lassen.
- Die Hälfte des Sirups darübergießen und den Rest aufbewahren.
- Die Baklava am nächsten Tag mit der Hälfte des verbliebenen Zuckersirups beträufeln und kühl stellen. Am dritten Tag mit dem Rest beträufeln – dann sind sie bereit zum Essen. Nush-e Jan!

NAN NOKHODCHI
KICHERERBSENBÄLLCHEN

FÜR ETWA 50 BÄLLCHEN

150 g weiches Ghee o. weiche Butter
100 g Puderzucker
300 g geröstetes Kichererbsenmehl
½–1 EL frisch gemörserter
Kardamom
1 Prise Salz
Pistazienstifte

- Ghee und Puderzucker in einer Schüssel mischen. Kichererbsenmehl und Kardamom dazugeben und zu einem Teig verkneten.
- Teig in einem Plastikbeutel etwa 5 Std. bei Raumtemperatur ruhen lassen.
- Backofen auf 180 °C vorheizen.
- Aus dem Teig kleine, etwa 2 cm große Kugeln formen. Mit einem Fingerhut Muster eindrücken und einen Pistazienstift in die Mitte stecken. Alternativ den Teig 2 cm dick ausrollen, die Plätzchen mit kleinen Förmchen ausstechen und mit je einem Pistazienstift dekorieren.
- Im Backofen 15 Min. backen. Die Plätzchen sollen kaum Farbe annehmen.
- Nach dem Backen auf dem Blech gut abkühlen lassen. Vorsicht, die Plätzchen sind sehr brüchig.

NAN BERENDSCHI
REISMEHLPLÄTZCHEN

FÜR ETWA 50 PLÄTZCHEN

300 g Reismehl
130 g weiches Ghee
80 g Puderzucker
1 TL frisch gemörserter Kardamom
1 Prise Salz
1 Ei o. 2 Eigelb
5 EL Rosenwasser
Mohnsamen

- Am Vortag Reismehl mit Ghee, Puderzucker, Kardamom und Salz gut mischen. Ei und Rosenwasser dazugeben und zu einem weichen Teig verkneten. Über Nacht kühlstellen.
- Backofen auf 180 °C vorheizen.
- Aus dem Teig 1,5 cm große Bällchen formen. Mit einem Musterstempel oder Holzlöffelstiel ein Muster eindrücken und auf ein Blech mit Backpapier legen.
- Die Plätzchen mit Mohnsamen bestreuen und im Backofen 15 Min. backen. Die Kekse sollen kaum Farbe annehmen.

Dieses Rezept stammt aus Kermanshah, der Ort ist berühmt für seine Reisplätzchen. Sie werden zusammen mit Nan Nakhodchi und Baklava als Teegebäck serviert.

YAKH DAR BEHESCHT
EIS IM PARADIES

FÜR 50–60 STÜCK

600 ml Milch
40 g Reismehl
75 g Maisstärke
¼ TL gemörserte Safranfäden,
in 50 ml kaltem Rosenwasser aufgelöst
1 TL frisch gemörserter Kardamom
250 g Zucker

FÜR DIE DEKORATION
Pistazienstifte oder geriebene
Pistazien

- Die Milch in einem Topf mit Reismehl und Maisstärke kräftig verrühren. 450 ml Wasser angießen und auf geringer Hitze unter ständigem Rühren aufkochen lassen, bis die Masse abbindet.
- Safran-Rosenwasser, Kardamom und Zucker hineinrühren und solange weiterrühren, bis der Eindruck einer Gabel nicht mehr verschwindet.
- Die Masse 2 cm hoch in eine flache Schale gießen, abkühlen und fest werden lassen.
- Mit Pistazien bestreuen oder bestecken und einem Messer in kleine Rauten schneiden.

Dieser Pudding wird traditionell ohne Safran zubereitet, ist also ganz weiß, daher der Name Eis.

TEHERAN

Die Hauptstadt Teheran liegt am Rande des Elburs-Gebirges auf ungefähr 1200 Meter Höhe, sie hat etwa 9 Millionen Einwohner, die Metropolregion 16 Millionen. Sie gilt als das Herz des Landes. Die Valiasr, die berühmte 20 km lange Allee, führt vom Tadschrisch Basar bis zum Bahnhof Teheran. Sie ist eine der ältesten Hauptachsen und teilt Teheran in einen westlichen und einen östlichen Teil. Um die Bäume zwischen Gehsteig und Straße fließt Wasser, das von den nahen Bergen kommt. Es lohnt sich, ein Disi-Restaurant, ein Jegaraki-Lokal sowie ein Kalle-Patsche-Restaurant zu besuchen. Einen guten Überblick über persische Spezialitäten bietet das große Restaurant »Hani«. Es wird von Fatemeh Tarighat geführt, der ersten Frau, die 1979 ein Restaurant in Teheran eröffnet hat.

AB-MIVEHI »TAMESCHK«
DER FRUCHTSAFTSTAND

Überall werden Säfte aus frischen und getrockneten Früchten oder Gemüse, Milchshakes, Smoothies, Destillate mit Zuckersirup (Scharbat), Eisbecher und Kaffee angeboten. Am Beliebtesten aber ist Ab Havidsch, der frischgepresste Karottensaft. Armirs Bar »Tameschk« ist sieben Tage die Woche von 8 bis 24 Uhr geöffnet. Das Geschäft mit den Fruchsäften läuft gut. Wegen des Alkoholverbots gibt es heute neben den traditionellen Bananen-Milchshakes Schir Mos eine Vielzahl verschiedener alkoholfreier Getränke. Getränke mit eingelegten Trockenfrüchten sind vor allem im Winter beliebt und können bis zur zoroastrischen Zeit zurückverfolgt werden.

AB-MIVEHI
Frischgepresste Säfte, häufig aus Karotten, Granatäpfeln, Orangen, Grapefruits oder Limetten. Wichtig: Die Früchte werden mitgegessen. Diese köstlichen Fruchtsäfte sind gut für die Verdauung und mehrere Tage gekühlt haltbar. Sie sind vor allem im Winter beliebt.

KHISANDEH
Getränke mit eingeweichten Trockenfrüchten, z. B. Pflaumen, Aprikosen oder Feigen. Diese werden nach Belieben mit einer Prise Salz, Safran, Rosenwasser, Zitronensäure oder Zucker verfeinert, 24 – 48 Std. in 1 l Wasser eingeweicht und kühlgestellt.

SCHARBAT MIT EINGELEGTEN SAMEN
1–2 EL Basilikumsamen oder 3– 4 EL Samen der Besenrauke gut waschen, 1 l Wasser angießen und etwa 30 Min. einlegen. Nach Belieben mit Zucker, wenig Safran und Rosenwasser abschmecken. Diese echten Durstlöscher sind gut für die Verdauung und können als Aperitif serviert werden. Tschar Tokhme mit vier Samensorten hilft wiederum gut bei Erkältung, Husten und Magenproblemen.

SMOOTHIES
Smoothies gibt es z. B. aus Wassermelonen mit frischer Minze, grünen Melonen mit Zucker und Eis, Mango mit Kardamom oder Selleriestangen mit Apfel. Dabei wird das Fruchtfleisch püriert oder gerieben, abgeschmeckt und gekühlt serviert.

MILKSHAKES
Für die Milchshakes Pistazien, Mandeln, Obst oder Gemüse wie z. B. Bananen, weiche Datteln oder Karotten mit Milch pürieren und nach Belieben mit Vanilleeis oder Zucker verfeinern.

BASTANI
Eis – die bekanntesten Sorten sind das Safraneis Bastani Safarani (S. 84) und das Sorbet mit Reisnudeln Falude-je Schirasi (S. 85). Lecker und überall erhältlich ist das Safraneis mit Karottensaft Havidsch-Bastani.

EIS COCKTAIL
Vanilleeis antauen lassen, mit gehackten Pistazien mischen und in einen Eisbecher füllen. Mit Walnüssen, Pistazien, Sesam oder Kokosnussraspeln bestreuen und mit frischen Fruchtstücken wie Banane, Ananas oder eingelegten Sauerkirschen dekorieren.

PARI AZARM MOTAMEDI – DIE VEGETARISCHE KÖCHIN
EIN DUFT VON KARDAMOM

Pari, 67, Architektin, Malerin und Schmuckdesignerin, sprüht vor Lebenskraft. Sie ist in Teheran aufgewachsen und hat mit 22 Jahren Mansour geheiratet – eine arrangierte Ehe. Sie haben zwei Söhne: Ali und Amir. Nach ihrem Master in Architektur in Teheran folgte Pari ihrem Mann nach London, wo dieser studierte, und setzte dort ihr Studium in städtebaulicher Entwicklung fort. Zurück in Iran arbeitete sie als Architektin und Stadtplanerin. Während des Iran-Irak-Krieges zog die Familie nach Kanada, um den Söhnen den Krieg zu ersparen. Dort begann Pari persische Literatur zu studieren und zu malen – zu Anfang als Therapie gegen ihr Heimweh; ihre halbabstrakten Gouache-Bilder erinnern an persische Gärten. Mit 57 Jahren wandte sie sich ganz der Malerei zu und stellt heute in den USA, in Kanada und in Iran aus. Inzwischen lebt Pari mit Mansour abwechselnd in Vancouver und Teheran.

Vor 15 Jahren wurden die beiden Vegetarier. Der Respekt vor allen Lebewesen ist ihnen wichtig. Pari liebt besonders die persische und die indische Küche, weil fast jedes Gericht auch fleischlos zubereitet werden kann.

Ihre Mutter war eine großartige Köchin und Künstlerin. Alles, was sie in die Hände nahm, wurde zu Kunst. Sie ließ Pari in der Küche experimentieren. Mit sieben Jahren hat sie ihren ersten Kuchen gebacken, später entwickelte sie ganz eigene Gerichte aus dem, was sich im Kühlschrank befand. Pari liebt die delikaten persischen Gewürzkombinationen, deren Geschmacksvielfalt der Gaumen erst mit der Zeit entdeckt. Sie hat vor, mit ihrer Schwiegertochter Anni ein persisches Kochbuch zu schreiben: mit Rezepten, die sich in 30 Minuten zubereiten lassen – sozusagen ein praktisches Manifest gegen die Fastfood-Kultur. Zur Begrüßung serviert uns Pari selbst geröstete Pistazien.

Paris Lieblingsgericht ist Khorescht-e Fesendschan.

MAST O KHIAR
JOGHURT-GURKEN-DIP

6–8 PORTIONEN

2 kleine Gurken, geschält
800 g Joghurt (3,5–5%)
1–2 Frühlingszwiebeln, feingehackt
je 1 EL Minze, Dill, Estragon,
Basilikum, geputzt, feingehackt
o. je ½ TL trockene Kräuter
50 g Walnüsse, feingehackt
30 g Rosinen
Salz, Pfeffer

FÜR DIE DEKORATION
Minze, Rosenblätter, Gurkenwürfel,
Rosinen

- Die Gurken feinreiben oder in ½ cm große Würfel schneiden.
- Alle Zutaten mit Ausnahme der Rosinen in einer Schüssel mischen.
- Die Rosinen kurz vor dem Servieren unterrühren und den Dip mit Minze, Rosenblättern, Gurkenwürfeln und Rosinen dekorieren.

Für Abdough Khiar – eine kalte Joghurt-Gurken-Suppe – zusätzlich 200 ml Wasser und einige Eiswürfel hinzufügen. Joghurt (pur oder angerichtet siehe auch Borani S. 119) gehören auf jede iranische Tafel.

KUKU

Persische Omeletts werden meist mit gehacktem Gemüse und Kräutern zubereitet und eignen sich als Vorspeise, Zwischenmahlzeit und als warme oder kalte Hauptspeise. Kuku sind je nach Pfannengröße 2–4 cm dick und können auch gut im Backofen zubereitet werden. Mit Mast o Khiar (S. 79) oder Joghurt und Fladenbrot servieren.

KUKU KALAM
OMELETT MIT BLUMENKOHL

4 PORTIONEN

½ Blumenkohl, etwa 300 g
3 Eier
¼ TL gemörserte Safranfäden,
in 1 EL heißem Wasser aufgelöst
½ TL Salz
½ TL Pfeffer
1 Msp. Backpulver
2 EL Sonnenblumenöl

- Blumenkohl in kleine Stücke schneiden und in Salzwasser bei mittlerer Hitze knapp gar kochen.
- Blumenkohl in eine Schüssel geben und mit einer Gabel leicht quetschen.
- Eier verquirlen und mit dem Safranwasser, den Gewürzen und Backpulver mit dem Blumenkohl mischen.
- 1 El Öl in einer beschichteten Pfanne erhitzen und die Masse dazugießen.
- Bei geringer Hitze zugedeckt 15 Min. backen, bis das Ei stockt.
- Das Omelett mit Hilfe eines Tellers stürzen.
- 1 EL Öl in die Pfanne geben und das Omelett von der anderen Seite offen weitere 5 Min. braten.
- Auf eine Platte gleiten lassen und in mundgerechte Stücke schneiden.

KUKU LUBIA SABS
OMELETT MIT GRÜNEN BOHNEN

4–8 PORTIONEN

400 g grüne Bohnen, geputzt
in ½ cm großen Stücken
1 EL Olivenöl
½ TL Kurkuma
½ TL gemörserter Kreuzkümmel
½ TL schwarzer Pfeffer
1 TL Salz
1 EL grüne Bockshornkleeblätter,
feingehackt
1½ EL getrocknete Minze
3 EL Dill, geputzt, feingehackt

FÜR DAS OMELETT
4 Eier
½ TL gemörserte Safranfäden,
in 2 EL heißem Wasser aufgelöst
2 EL Olivenöl

WEITERE BELIEBTE VARIATIONEN
Kuku mit gerösteten feingehackten Auberginen
Kuku mit geriebenen gekochten Kartoffeln
Kuku, mit feingeschnittenen Zucchini
Kuku mit gehackten Walnüssen und Kräutern

- Öl in einer Pfanne erhitzen und die Bohnen 5 Min. anbraten.
- Alle Kräuter und Gewürze mit Ausnahme des Dills sowie 50 ml Wasser dazugeben und zugedeckt bei geringer Hitze in etwa 5 Min. knapp gar dämpfen.
- Dill dazugeben, umrühren und beiseitestellen.
- Die Eier in eine Schüssel schlagen und mit dem Safranwasser verquirlen.
- Die Bohnen dazugeben und gut mischen.
- 1 EL Öl in einer beschichteten Pfanne erhitzen und die Masse dazugießen.
- Bei geringer Hitze zugedeckt etwa 15 Min. backen, bis das Ei stockt.
- Das Omelett mit Hilfe eines Tellers stürzen.
- 1 EL Öl in die Pfanne geben und das Omelett von der anderen Seite offen weitere 5 Min. braten.
- Auf eine Platte gleiten lassen und in mundgerechte Stücke schneiden.

عَدَس پلو

ADAS POLO
LINSENREIS MIT KARTOFFELKRUSTE, CHAMPIGNONS UND DATTELN

Rosinen

5–6 PORTIONEN

300 g Basmatireis
200 g braune Linsen
Schale von ½–1 unbehandelten
Orange
1 TL gemörserte Safranfäden,
in 11 EL (130 ml) heißem Wasser
aufgelöst
8 EL Olivenöl
2–4 Kartoffeln, geschält, in ½ cm
dicken Scheiben
2 EL Salz
1 EL Zimt
1 Zwiebel, in dünnen Streifen
350 g Champignons, in Scheibchen
80 g Datteln, entsteint, halbiert
60 g Walnusshälften
40 g Rosinen

FÜR DIE DEKORATION
2 EL Pistazienstifte

**Weitere Informationen zu
Pologerichten auf S. 14–15.**

- Reis waschen und 2 Std. in Salzwasser einlegen.
- Linsen in Salzwasser in 10–15 Min. knapp gar kochen, abgießen und beiseitestellen.
- Orangenschale mit einem Sparschäler abschälen, in dünne Streifen schneiden und in Wasser einlegen.
- Für den Reis mit Kartoffelkruste 1,5 l Wasser mit 2 EL Salz in einem Topf aufkochen. Den abgegossenen Reis dazugeben und in 8–10 Min. knapp gar kochen. In ein großes Sieb abgießen, mit wenig kaltem Wasser abschrecken und gut abtropfen lassen.
- In einem beschichteten Topf 2 EL Olivenöl und 4 EL Safranwasser erwärmen. Den Boden mit den Kartoffelscheiben belegen und mit etwas Salz bestreuen.
- ¼ vom Reis darauf geben, mit ⅓ der Linsen bedecken, den Zimt und 1 TL Safranwasser darüber geben. Lage um Lage zu einem Hügel schichten.
- Den geschlossenen Topf kurz stark erhitzen. Den Deckel gelegentlich anheben und prüfen, ob Dampf aufsteigt, dann 2 EL Öl und 2 EL Wasser über den Reis träufeln, ein Tuch zwischen Topf und Deckel legen und alles bei sehr geringer Hitze 30 Min. garen.
- 2 EL Öl in einer Pfanne erhitzen, die Zwiebeln knusprig rösten und beiseitestellen.
- Die Pilze in 2 EL Öl anbraten.
- Zwiebeln, Datteln, Orangenschalen, Walnüsse und Rosinen dazugeben und bei geringer Hitze 5–10 Min. zugedeckt braten.
- 4 EL Safranwasser dazugeben und kurz weitergaren.
- 1–2 Kellen Reis in eine Schale geben und mit dem restlichen Safranwasser färben.

Dazu Mast o Khiar (S. 79) oder Joghurt, Salad Schirasi (S. 25) und Torschi (S. 96–97) servieren. Zu den Pilzen passen auch karamellisierter Ingwer, getrocknete Aprikosen und Berberitzen.

- Zum Servieren den Reis auf eine Platte schöpfen. Die Kartoffelscheiben vom Topfboden lösen und um den Reis drapieren. Die Champignon-Dattel-Walnuss-Mischung kurz aufwärmen und auf dem Reis verteilen. Zum Schluss den Safranreis darüber geben und mit Pistazienstiften dekorieren.

مربا هویج

MORABA-E HAWIDSCH
KAROTTENMARMELADE

FÜR EIN 1 l SCHRAUBGLAS

2–3 EL getrocknete o. frische Orangenschalen, in feinen Streifen
500 g Karotten, geschält und grob-gerieben
500 g Zucker
½ TL Kardamom, gemörsert
1 EL Rosenwasser
Pistazien- o. Mandelsplitter, nach Belieben

- Orangenschalen in Wasser aufkochen. Wasser dreimal alle 2 Min. wechseln, um die Bitterstoffe zu reduzieren, am Ende kalt abspülen.
- Karotten in 300 ml Wasser etwa 10 Min. kochen.
- Zucker dazugeben und dann bei geringer Hitze 30 Min. köcheln.
- Orangenschalen hineingeben und etwa 15 Min. weiter-köcheln, bis die Marmelade die gewünschte Konsistenz hat.
- Kardamom und Rosenwasser hineinrühren und nach Belieben Mandel- und Pistaziensplitter dazugeben. Heiß in ausgekochte Gläser abfüllen.
- Abkühlen lassen und kühl aufbewahren

Wer Säure mag, kann Limettensaft beigeben. Die Karottenmarmelade wird zum Frühstück oder zum Tee gegessen.

بستنی زعفرانی

BASTANI SAFARANI
SAFRANEIS MIT ROSENWASSER UND PISTAZIEN

4 PORTIONEN

1 l Vanille- o. Sahneeis
1 TL gemörserte Safranfäden,
in 2 EL Rosenwasser aufgelöst
1 EL Pistazienstifte
8 Eiswaffeln, nach Belieben

FÜR DIE DEKORATION
1 EL Pistazienstifte, Rosenblätter

- Vanilleeis aus dem Tiefkühler nehmen und antauen lassen.
- Safran-Rosenwasser mit einem Löffel oder Stabmixer unter das Eis mischen.
- Pistazienstifte darunterziehen. Zudecken und wieder in den Tiefkühler stellen.
- Kurz vor dem Servieren herausnehmen, antauen lassen, in Schalen füllen oder zwischen zwei Waffeln klemmen. Mit Pistazienstiften und Rosenblättern dekorieren.

Bastani wird traditionell mit Sahlep, einer stärkehaltigen Orchideenwurzel, Mastix, dem Harz von Pistazienbäumen, und Milch zubereitet. Ins Eis werden dünne gefrorene Sahnestückchen gemischt. Dieses Safraneis ist eine vereinfachte Variante.

فالوده

FALUDE-JE SCHIRASI
LIMETTENSORBET MIT GLASNUDELN

6 PORTIONEN

150 g Zucker
1–2 EL Rosenwasser
Saft von 3 Limetten
25 g Glasnudeln, in 5–10 cm
langen Stücken

FÜR DIE DEKORATION
Sauerkirschsaft; 3 Limetten, halbiert

*Limettensorbet benötigt eine lange
Gefrierzeit und kann auch durch
fertiges Limetten- oder Zitronensorbet
ersetzt werden. Neben Schneeball mit
Fruchtsirup ist Falude eine der ältesten
gefrorenen Süßspeisen.*

- 300 ml Wasser und Zucker kochen, bis der Zucker aufgelöst ist.
- Rosenwasser und Limettensaft einrühren, abkühlen lassen und über Nacht in den Tiefkühler stellen.
- Glasnudeln 3–5 Min. kochen, in ein Sieb abgießen, mit kaltem Wasser abschrecken, sehr gut abtropfen und kalt stellen.
- Das Sorbet mit dem Pürierstab aufmixen. Die eiskalten Nudeln mit einer Gabel unterziehen, bis sie fest und weiß sind. Wieder in den Tiefkühler stellen.
- Das Sorbet vor dem Servieren herausnehmen und leicht antauen lassen. Mit einem Löffel portionsweise abstechen und in Schalen verteilen. Mit Sauerkirschsaft begießen und mit den Limetten dekorieren.

AZADEH UND FOAD – DAS BRAUTPAAR
EIN DUFT VON GRANATAPFELBLÜTEN

Azadeh, 29, ist Bauingenieurin, hat dann in Bern Theaterregie studiert und schreibt zurzeit ihre Doktorarbeit in Theaterwissenschaft. Ihr Mann Foad, 26, ist Schauspieler. Er hat Film und Dramaturgie studiert und spielt in Teheran in iranischen und internationalen Stücken am Theater sowie in Kinofilmen. Azadeh wünscht sich eine gleichberechtigte Partnerschaft. Die beiden haben mich zu ihrer Hochzeit auf einem gemieteten Gelände am Rande von Teheran eingeladen. Ein großer Galaservice mit 30 Angestellten ist für das Buffet und die alkoholfreien Getränke verantwortlich. In dieser geschlossenen Gesellschaft dürfen Frauen ohne Kopftuch und locker gekleidet feiern, in sehr religiösen Familien feiern Frauen und Männer jedoch traditionell getrennt.

Das Paar sitzt auf dem Sofreh-je Aghd, einem bestickten Tuch, auf dem symbolische Gegenstände stehen. Ein Baldachin aus Seide wird über das Paar gehalten und Zucker über ihre Köpfe gerieben. Ein Mullah oder Koran-Belesener liest Koranverse und den Heiratsvertrag. Die Braut wird dreimal gefragt, ob sie den Bräutigam will. Sie antwortet erst beim dritten Mal. Im Vertrag ist ein materielles Versprechen des Mannes an die Frau festgehalten, das spätestens bei der Scheidung als Abfindung eingefordert werden kann. Das Paar und Zeugen unterschreiben den Vertrag, damit ist die Heirat legal.

Nun überreichen die Gäste ihre Geschenke. Danach folgt der Brauttanz. Azadeh macht tanzend die Runde und begrüßt die Gäste. Nun tanzen alle ausgelassen, von den Kindern bis zu den Großeltern. Das Anschneiden des Hochzeitskuchens ist ein eigenes Ritual. Mädchen aus der Brautfamilie tanzen mit einem Kuchenmesser vor dem Brautpaar. Sie übergeben das Messer dem Bräutigam erst, wenn sie von ihm genügend Geldgeschenke erhalten haben. Wenn der Kuchen angeschnitten ist, füttert sich das Paar gegenseitig: das Symbol für eine süße Zukunft.

Daraufhin wird das Buffet eröffnet. Es gibt Truthähne, Fleischbällchen an Granatapfel-Walnusssauce und verschiedenste Reisgerichte, darunter natürlich Schirin Polo, der bei keiner Hochzeit fehlen darf.

Azadehs Lieblingsgericht ist Ghormeh Sabsi. Foad mag Sabsi Polo – aber ganz besonders Azadeh.

DIE WICHTIGSTEN SYMBOLE AUF DEM SOFREH-JE AGHD

Ein Spiegel sowie zwei Kerzenleuchter für Licht und Feuer; eine Schale Räucherwerk mit Steppenraute oder Wilder Raute und sieben Gewürzen gegen den bösen Blick; bemalte Eier und Nüsse für die Fruchtbarkeit; Blumen für die Schönheit; Äpfel und Granatäpfel für eine freudige Zukunft; Goldmünzen und Sangakbrot für Reichtum und Wohlstand; Honig und Zuckerwerk für die Süße im Leben; Gebäck, um es mit den Gästen zu teilen; der Koran als heilige Schrift und manchmal auch Gedichtbände von Hafis oder Rumi. Hafis' Gedichtband *Diwan* steht wohl in jedem iranischen Haushalt.

SCHIRIN POLO
SÜSSER KRUSTENREIS MIT HUHN, ORANGEN, MANDELN UND PISTAZIEN

6 PORTIONEN

FÜR DAS FLEISCH
1 Huhn (1,2–1,5 kg), in 4–6 Stücke
geschnitten, ohne Haut
2 Zwiebeln, in Streifen
2 EL Sonnenblumenöl
1 TL Kurkuma
2 TL Salz
1 TL Pfeffer
2 TL Advijeh (S.141)
1 TL gemörserte Safranfäden,
in 3 EL heißem Wasser aufgelöst
2 EL Limettensaft

FÜR DEN REIS
500 g Basmatireis
20 g getrocknete Orangenschalen
100 g Mandelstifte
1½ TL gemörserte Safranfäden, in
4 EL Orangenblüten- o. Rosenwasser
aufgelöst
200 g Karotten, geschält, in Stäbchen
4 EL Sonnenblumenöl
100 g Zucker
50 g Pistazienstifte
1 TL Zimt
1 TL frisch gemörserter Kardamom
o. -pulver

*Die gegarten Hühnerstücke können
auch als Lage zwischen den Reis geschichtet werden.*

**Weitere Informationen zu
Pologerichten auf S. 14–15.**

- Reis waschen und mind. 2 Std. in Salzwasser einlegen.
- Orangenschalen in Wasser einlegen und wegen der Bitterkeit mehrmals wechseln.
- Mandelstifte in einer Pfanne trocken anrösten.
- 2 EL Öl in einer Pfanne erhitzen und Karotten 5 Min. bei mittlerer Hitze anbraten.
- Die abgegossenen Orangenschalen, 2 EL Safranwasser und Zucker dazugeben.
- 150 ml Wasser dazugießen und 10 Min. etwas einkochen lassen. Sirup abgießen und beiseitestellen.
- Währenddessen für den Reis mit Kruste 2,5 l Wasser mit etwas Salz in einem Topf aufkochen. Den abgegossenen Reis dazugeben und in 8–10 Min. knapp gar kochen.
- In ein großes Sieb abgießen, mit wenig kaltem Wasser abschrecken und gut abtropfen lassen.
- Zwei Kochlöffel Reis mit 2 EL Öl und 2 EL Safranwasser mischen und auf den Boden eines großen beschichteten Topfes geben.
- ⅓ vom Reis, ⅓ der Karotten und ⅓ der Pistazien- und Mandelstifte darübergeben. Mit Zimt und Kardamom bestreuen.
- Lage um Lage zu einem Hügel schichten. Mit Reis beenden und das letzte Drittel der Karotten und der Mandel-Pistazienstifte für die Dekoration beiseitelegen.
- Zugedeckt kurz auf starker Hitze lassen, bis der Dampf aufsteigt.
- Zwischen Topf und Deckel ein gefaltetes Tuch legen und bei geringer Hitze 30 Min. garen. Dann den Sirup über den Reis träufeln und 30 Min. weitergaren lassen.
- Sobald der Reis im Topf gart 2 EL Öl in einer Pfanne erhitzen, die Zwiebeln goldbraun rösten und mit Kurkuma bestreuen.
- Hühnerstücke auf die Zwiebeln legen. Mit Salz, Pfeffer und Advijeh würzen.
- 500 ml Wasser angießen und zugedeckt 30 Min. bei geringer Hitze schmoren.
- 2 EL Safranwasser zum Fleisch geben, weitere 30 Min. schmoren lassen. Mit Salz und Pfeffer abschmecken.

- Zum Servieren 1–2 Kellen Reis entnehmen und in einer kleinen Schüssel mit 2 EL Safranwasser mischen.
- Den restlichen Reis auf einer Platte zu einem Hügel schichten und den Safranreis darüber streuen. Mit den verbliebenen Karotten, Pistazien und Mandelstiften dekorieren.
- Die Reiskruste vom Boden des Topfes in Stücken auf einem separaten Teller anrichten.
- Limettensaft zum Huhn geben und separat servieren.

جواهر پلو

DSCHAVAHER POLO
JUWELENREIS

Im Vergleich zu Schirin Polo ist Dschavaher Polo reicher dekoriert, denn hier werden die Karotten- Orangenmischung und Mandel-Pistazienstifte nicht zwischen den Reis geschichtet, sondern als Dekoration verwendet. Alle anderen Schritte sind wie beim Schirin Polo.

FÜR DIE DEKORATION
ZUSÄTZLICH

2 EL Ghee
60 g Rosinen
30 g Berberitzen, gewaschen
1 Prise gemörserte Safranfäden,
in 2 EL heißem Wasser aufgelöst
1 EL Zucker
1 TL Zimt

- 1 EL Ghee in der Pfanne erhitzen und die Rosinen kurz anbraten. Beiseitestellen.
- Berberitzen mit Safranwasser, 1 EL Ghee und Zucker kurz erhitzen.
- Den fertigen Reis mit den Rosinen, Berberitzen, der Karotten-Orangen-Mischung, Pistazien- und Mandelstiften dekorieren. Zum Schluss mit Zimt bestreuen.

Dieser Polo hat seinen Namen, weil er aussieht wie ein Tablett voller Juwelen. Schirin Polo oder Dschavaher Polo fehlen bei keiner Hochzeit.

ELAHEH GOHARIAN – DIE POETISCHE KÖCHIN
EIN DUFT VON ROSENWASSER

Elaheh, 52, ist in Hamadan, einer der ältesten iranischen Städte, aufgewachsen. Hamadan ist berühmt für Asch – die sämige Suppen – Marmeladen und Ghowd, die Bällchen aus getrocknetem, gehacktem Brot, Walnüssen, Kräutern, Panir (Fetakäse) und geschmolzener Butter, sowie für Torschi, Pickles.

Elaheh kam für ihr Pädagogikstudium nach Teheran. Als 19-jährige Studentin heiratete sie den 30-jährigen Ingenieur Mohammed. Sie haben zwei Kinder, der Sohn ist Ingenieur in Lausanne und die Tochter Buchhalterin in Teheran. Kochen gelernt hat Elaheh von ihrer Kinderfrau und der Schwiegermutter. Wenn Elaheh ihre Suppe nicht essen wollte, hat ihr die Kinderfrau vorgesungen:

Hel ro ba golab mikhori ...   *Trinkst du Rosenwasser mit Kardamom*
Do se kase aab mikhori   *Trinkst du zwei oder drei Schüsseln Wasser*
Mano ba cheshat mikhori   *Isst du mich mit deinen Augen auf*
Ghorbone oun gheret beram,   *Dann könnte ich sterben*
ghorboune oun feret beram.   *für dein Augenspiel und dein agiles Wesen.*

Wenn Elaheh traurig ist, kocht sie und fühlt sich gleich besser. Ihre Freundin Masumeh hat eine Safranfarm, von dort bekommt Elaheh ihre Safranfäden. Ihre Cousine Paria wiederum ist eine persische Starköchin, hat Kochshows im Fernsehen und Kochbücher geschrieben. Elaheh fühlt sich aber nicht als unselbstständige Frau. Sie geht ihren Hobbys nach während ihr Mann arbeitet. Konto und Kreditkarten laufen auf beider Namen. Nicht alle Frauen leben so. Junge Frauen müssen arbeiten, weil das Leben teuer geworden ist. Außerdem wollen, besonders in Teheran, viele ihr eigenes Geld verdienen und fordern Gleichberechtigung.

Elahehs Lieblingsessen ist das Nationalgericht Tschelo Kabab.

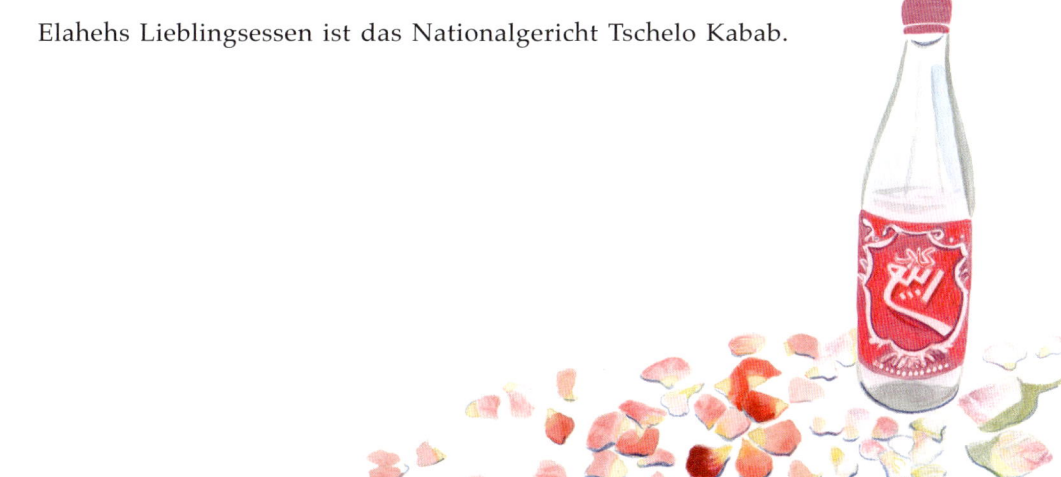

KUFTE SABSI SCHIRASI
FLEISCHKLÖSSCHEN MIT WALNUSSFÜLLUNG

6 PORTIONEN bzw. 12 KLÖSSE

FÜR DAS FLEISCH
400 g Lamm- o. Rinderhackfleisch
100 g Reis
70 g gelbe Schälerbsen, gewaschen
1–2 Eier
1 TL Advijeh (S. 141)
Salz, Pfeffer
je 50 g Bohnenkraut, Estragon,
Minze, Petersilie und Dill, geputzt,
feingehackt
50 g Tareh (iran. Schnittlauch), geputzt, feingehackt

FÜR DIE FÜLLUNG
3 EL Berberitzen
3 EL Rosinen o. 12 Pflaumen,
entsteint
12 Walnüsse

FÜR DIE SAUCE
2 Zwiebeln, feingehackt
1 TL Advijeh (S. 141)
2 EL Sonnenblumenöl
Salz, Pfeffer

FÜR DIE DEKORATION
3 Limetten, geviertelt

- Reis waschen und 2 Std. in Salzwasser einlegen.
- In Salzwasser in 10 Min. weichkochen. In ein großes Sieb abgießen, mit wenig kaltem Wasser abschrecken und gut abtropfen lassen.
- Schälerbsen weichkochen und abgießen.
- Fleisch, Reis, Schälerbsen, Eier und Gewürze vermengen und kneten.
- Die Kräuter dazugeben und weiterkneten, bis eine kompakte feuchte Masse entsteht.
- Für die Sauce Öl in einem großen Topf erhitzen und die Zwiebeln knusprig rösten.
- 1 l Wasser mit 4 EL der Fleisch-Reis-Mischung dazugeben. Mit Salz und Pfeffer würzen und aufkochen.
- Hände befeuchten, aus der Masse mandarinengroße Klöße formen, dann etwas flachdrücken. In die Mitte einige Berberitzen, Rosinen und eine Walnuss geben. Die Masse rundherum schließen und wieder zu einem Kloß formen.
- Die Kufte in die Sauce legen, sie sollen etwa halbbedeckt sein. Nach etwa 5 Min. drehen und bei geringer Hitze etwa 30–40 Min. zugedeckt garen.
- Nach Bedarf die Flüssigkeit etwas einkochen lassen.

Zu diesen Kufte, die auch Kufte Berendschi genannt werden, passen Joghurt mit Musir (sg. chin. Knoblauch, eine Schnittlauchart) und Fladenbrot.

خورشت کرفس

KHORESCHT-E KARAFS
LAMMRAGOUT MIT STAUDENSELLERIE UND PETERSILIE

6 PORTIONEN

500 g Lammschulter, in 2 cm großen
Würfeln
2 Zwiebeln, in Streifen
2 EL Sonnenblumenöl
800 g Staudensellerie, geputzt,
in 3 cm großen Stücken
4–5 Bund glatte Petersilie, geputzt,
feingehackt
2 Bund Minze, geputzt, feingehackt
2 TL Salz
1 TL schwarzer Pfeffer
½ TL Kurkuma
1 TL Zucker
3 EL Limetten- o. Bitterorangensaft

- Öl in einer Pfanne erhitzen und die Zwiebeln knusprig rösten.
- Sellerie und Kräuter dazugeben und 5 Min. bei mittlerer Hitze braten.
- Fleisch, Gewürze und Zucker dazugeben, kurz weiterbraten.
- 1 l Wasser angießen und aufkochen.
- Bei geringer Hitze 1–2 Std. köcheln lassen, bis das Fleisch sehr weich ist.
- Limettensaft dazugeben und 2 Min. weiterköcheln.
- In eine Schüssel geben und mit Reis servieren.

Das Fleisch kann durch dicke weiße, über Nacht eingelegte Bohnen ersetzt werden. Mit Babyartischocken oder Cardy heißt das Gericht Khorescht-e Kangar.

KHORAK-E MAHITSCHE
LAMMKEULE MIT TOMATEN

4 PORTIONEN

600–700 g Lammkeule mit Knochen,
in 4 Teilen
2 große Zwiebeln, feingehackt
2 EL Sonnenblumenöl
4 große Tomaten, geschält, gehackt
1 TL Advijeh (S.141)
1 TL Kurkuma
1 TL Zimt
3 Knoblauchzehen, gepresst
¼ TL gemörserte Safranfäden,
in 2 EL heißem Wasser aufgelöst
1 TL getrocknetes Limettenpulver o.
2 EL Limettensaft
je 1 TL Salz und Pfeffer

FÜR DIE DEKORATION
1 EL Berberitzen
20 g Butter
½ TL Zucker

- Öl in einer Pfanne erhitzen und die Zwiebeln knusprig rösten.
- Lammstücke, Tomaten, Advijeh, Kurkuma und Zimt dazugeben. 200 ml Wasser angießen und zugedeckt bei mittlerer Hitze etwa 30 Min. kochen.
- Knoblauch, Safranwasser, Limettenpulver, Salz und Pfeffer dazugeben und bei geringer Hitze zugedeckt kochen, bis das Fleisch sehr weich ist, das dauert noch einmal etwa 1 Std.
- Berberitzen mit Butter und Zucker in einer Pfanne bei geringer Hitze erwärmen, bis der Zucker aufgelöst ist.
- Zum Servieren das Fleisch mit der Sauce in eine Schüssel geben und mit den Berberitzen dekorieren.

Zu diesem Gericht passen alle vegetarischen Polo, besonders Baghali Polo (S.58). Alternativ kann das Lamm auch durch Hühnerschenkel ersetzt werden, dann reduziert sich die Kochzeit um etwa 30 Minuten.

NAZ KHATUN
KNOBLAUCH-TOMATEN-AUBERGINEN-PICKLES

FÜR EIN 1 l SCHRAUBGLAS

3 Auberginen, geschält, feingehackt
4 Tomaten, gehackt
3 Knoblauchknollen, in Zehen, feingehackt o. gepresst
500 ml Traubenessig
1 EL getrocknete Minze
½–1 EL Salz
½ EL schwarzer Pfeffer

- Auberginen, Tomaten, Knoblauch und Essig in einem Topf 30 Min. bei mittlerer Hitze kochen. Minze, Salz und Pfeffer dazugeben. In das heiß ausgespülte Schraubglas abfüllen und fest verschließen. Mind. eine Woche kühl und dunkel stehen lassen.

Pickles können viele Monate aufbewahrt werden. Sie gehören auf jede iranische Tafel. Gemüse und Früchte werden in Iran auch häufig roh in Essig eingelegt. Sie benötigen 2 Wochen, bis sie essbar sind.

TORSCHI

Pickles bestehen aus Gemüse oder Früchten, die gekocht oder ungekocht in Essig und Salz mit Gewürzen eingelegt werden. Die mind. sieben Jahre eingelegten Knoblauchknollen, die dann ganz weich und dunkelbraun sind, gelten als Delikatesse.

TORSCHI-E LITEH
GEMÜSEPICKLES

FÜR EIN 1 L SCHRAUBGLAS

500 g Auberginen, Stiel entfernen
500 ml Essig
4–5 Knoblauchzehen, gepresst
je 1 Bund Minze, Bohnenkraut,
Koriandergrün, Dill, Estragon,
Petersilie, geputzt, feingehackt
2 Karotten, in 3 mm Würfeln
150 g Blumenkohl, in 3 mm Würfeln
je ½ grüne und rote Paprika, in
3 mm Würfeln
1 EL Advijeh (S. 141)
½ EL Kurkuma
2 TL getrocknete Minze
1 EL Salz
½ TL schwarzer Pfeffer

- Ganze Auberginen in 100 ml Essig und 100 ml Wasser 30 Min. weichkochen, abgießen und abkühlen lassen. Ungeschält in kleine Stücke schneiden.
- Die Gemüsestücke mit Knoblauch, den Kräutern und Gewürzen vermengen und in ein heiß ausgespültes Schraubglas geben, mit Essig auffüllen, bis die Masse bedeckt ist und fest verschließen.
- Mind. 1 Woche kühl und dunkel stehen lassen.

TORSCHI-E MIVEH
APRIKOSEN-PFIRSICH-PICKLES

FÜR EIN 1 l SCHRAUBGLAS

300 g getrocknete Aprikosen
4 Pfirsiche, geschält, entsteint, geviertelt
400 ml Obstessig
3 EL Berberitzen
2 EL Tamarindenpaste, in 100 ml heißem Wasser aufgelöst, gesiebt
1 EL Ingwer, gerieben
1 EL Salz
2 EL Advijeh (S.141)

- Am Vortag Aprikosen mit 200 ml Essig begießen und über Nacht stehen lassen.
- Aprikosen, Pfirsiche und Berberitzen mit 200 ml Essig 5 Min. bei geringer Hitze kochen.
- Tamarindenwasser, Ingwer, Salz und Advijeh dazugeben und vermischen. 5 Min. bei geringer Hitze weiterkochen.
- In das heiß ausgespülte Schraubglas füllen und verschließen. Eine Woche kühl und dunkel stehenlassen.

DAS DISI-RESTAURANT

Das Restaurant »Dizi« ist das bekannteste Disilokal Teherans. Es ist auch berühmt für seine Sammlung naiver Malereien, die Anfang des 20. Jhs für Kaffeehäuser und die religiösen Wandertheater Ta'zieh gemalt wurden. Disi ist ein Abguscht, ein Eintopf, der wegen seines Fettgehalts mittags gegessen wird. Als wir um 12 Uhr eintreffen, ist alles für den großen Ansturm bereit. Schwangere müssen nicht anstehen, heißt es auf einem Plakat, und auf einem Tisch stapeln sich Pager, die den Gästen ausgehändigt werden, damit sie in Ruhe im Auto warten können, bis sie an der Reihe sind. An Wochenenden stehen bis zu 200 Menschen Schlange. Es kommen inzwischen vermehrt junge Leute, die sich noch vor Kurzem eher für Pizza und Pasta interessiert haben. Sitzen die Gäste einmal, kommen binnen

5 Minuten alle Beilagen auf den Tisch: frischgebackenes Sangak, Salad Schirazi, Sabsi Khordan, verschiedene Torschi, ein Krug Dugh und Wasser. Der Kellner erkundigt sich, ob man auch ein Stückchen vom Schwanzfett des Fettschwanzschafes – eine Delikatesse – in der Suppe haben möchte. Wenn ja, wird das zarte Fettstück in einer Schale zerdrückt und die Suppe aus dem Tonkrug darüber gegossen. Dann fragt der Kellner, ob das Disi gestampft werden soll oder nicht. Traditionellerweise wird es gestampft. In die Suppe kann man Fladenbrotstückchen bröckeln.

Zum Abschluss gibt es Tee mit Bamijeh. Das sind frittierte Teigkügelchen aus Mehl, Joghurt, Zucker, Rosenwasser und Kardamom, die außen knusprig und innen cremig sind. Und schon kommen die nächsten Gäste.

DISI
LAMM IM TONTOPF

4 PORTIONEN

150 g Kichererbsen
150 g weiße Bohnen
500 g Lammfleisch aus Schulter o. Nacken, mit Knochen, in kleinen Stücken
1 Zwiebel, feingehackt
1½ EL Weizenkörner
2 Kartoffeln, in Stücken
3 EL Tomatenmark
1 TL Limettenpulver
o. 1 EL Limettensaft
1 EL Salz
2 TL Advijeh (S.141) o. Curry mit Zimt

- Am Vortag Kichererbsen und weiße Bohnen in Wasser einlegen.
- Backofen auf 200 °C vorheizen.
- Kichererbsen und Bohnen abgießen und mit Fleisch, Zwiebeln, Weizenkörnern und Kartoffeln in einen großen Tontopf füllen.
- Mit Wasser auffüllen, bis die Zutaten knapp bedeckt sind.
- Tomatenmark mit etwas Wasser anrühren, mit Limettenpulver und Salz vermischen und dazugießen.
- Im Backofen ohne Deckel garen, bis die Flüssigkeit köchelt, das dauert etwa 15–30 Min., dann die Hitze auf 100 °C reduzieren und 1½ Std. weitergaren lassen.
- Den Topf zudecken und 1 Std. weitergaren.
- Kurz vor dem Servieren die Gewürze hineinrühren und dazu Sangak (S.128), Salad Schirasi (S.25), Sabsi Khordan (S.25) und Torschi (S. 96–97) reichen.

EFAT – DIE GROSSZÜGIGE KÖCHIN
EIN DUFT VON HONIG

Efat, 56, ist Aserbaidschanerin und stammt aus der Stadt Ardabil, aus einer der kältesten Regionen des Iran. Aserbaidschaner bilden die größte ethnische Minderheit in Iran und leben vor allem im Nordwesten. Sie sprechen die Turksprache Aseri und gelten als iranische Türken.

Ihre Küche, die der berühmten von Täbris ähnlich ist, gilt als sehr gut. Efat hat nach dem Abitur mit 18 geheiratet und war mit 25 Mutter von drei Söhnen, mit denen sie nur Aseri gesprochen hat, bis sie in die Schule kamen.

Heute lebt die Familie in Teheran. Ihr Mann, ein ehemaliger Basketballspieler, ist Professor für Sport an der Universität. Doch im Sommer lockt das angenehme Klima die Familie nach Ardabil. In den Bergen sammeln sie Wildkräuter und den Wildlauch Tareh Kuhi, und es gibt dort heiße Quellen, die zum Baden einladen. Das Sabalan-Gebirge ist berühmt für seinen wunderbaren Honig, der z.B. mit Sarschir – ein Dickrahm aus gekochter Milch wie der türkische Kaymak – zum Frühstück gegessen wird. Eine andere Spezialität der Gegend ist Pichagh Gheyme, ein Ragout mit kleinen Fleischstücken, gerösteten Mandeln, unreifen Trauben und Eigelb.

Efat kocht für uns mit ihrer ein Jahr älteren Nichte Shafigheh. Efat führt für ihr Leben gern stundenlange Telefongespräche, wünscht sich Gesundheit, Ruhe und genug zum Leben, aber nicht zuviel Geld. Sie glaubt, dass zuviel Reichtum den Charakter verdirbt.

Sie kocht besonders gern Baghali Polo mit Lammkeule und Kuku mit ihrer selbstgemachten Sauerkirschmarmelade. Und das gefüllte Huhn Morgh-e Schekampor bereitet sie sicher einmal im Monat zu. Zum Nachtisch serviert sie uns die Ardabil-Spezialität Halva Siah, ein schwarzes Halva aus dem Saft von Weizenkeimen.

Efats Lieblingsgericht als Kind war Fereni mit Rosenmarmelade (S. 61).

ASCH-E DUGH
SÄMIGE JOGHURTSUPPE (MIT FLEISCHBÄLLCHEN)

6 PORTIONEN

FÜR DIE SUPPE
1 kg Joghurt (3,5–5%)
500 ml Wasser
1 Ei
1 TL Reismehl
50 g Reis
80 g Kichererbsen, gekocht
100 g Tareh (iran. Schnittlauch), geputzt, feingehackt
100 g Koriandergrün, geputzt, feingehackt
Salz, Pfeffer

FÜR DAS FLEISCH
100 g Lamm- o. Rinderhackfleisch
1 Zwiebel, gerieben
2 TL getrocknete Minze
2 Knoblauchzehen, gepresst
½ TL Prise Salz
1 TL Reismehl

- Joghurt und Wasser in einem Topf verrühren. Ei und Reismehl verquirlen und zum Joghurt geben. Reis und Kichererbsen dazugeben und unter ständigem Rühren bis zum Siedepunkt aufkochen.
- Die Hitze sofort reduzieren und die Kräuter beigeben. Mit Salz und Pfeffer abschmecken.
- Bei geringer Hitze 15 Min. köcheln. Bei Bedarf etwas Wasser nachgießen.
- Das Fleisch mit Zwiebel, Minze, Knoblauch, Salz und Reismehl vermengen und 2 cm große Bällchen formen.
- Die Fleischbällchen etwa 10 Min. in der köchelnden Suppe garziehen lassen.
- Noch einmal mit Salz und Pfeffer abschmecken und in Suppenschalen servieren.

Diese Suppe kommt aus der Provinz Ardabil. Statt Joghurt können auch saure Buttermilch oder Kefir verwendet werden.

DUGH
JOGHURTGETRÄNK MIT MINZE

4 PORTIONEN

500 g Joghurt (3,5–5%)
1 TL Salz
500–800 ml Wasser o. Sodawasser
Eiswürfel nach Belieben
1 TL Minze, getrocknet, feingerieben
schwarzer Pfeffer nach Belieben

- Den Joghurt mit allen Zutaten verquirlen.
- Vor dem Servieren die Eiswürfel dazugeben und etwas schmelzen lassen.

Dugh wird eigentlich zu jedem Essen serviert, gehört aber immer zu Kabab. Es kann auch durch andere getrocknete Kräuter wie z. B. Oregano ergänzt werden.

كوفته سبزی شیرازی

KUFTE TABRISI
SÜSS GEFÜLLTE FLEISCHKLÖSSE AUS TÄBRIS

6 PORTIONEN

FÜR DAS FLEISCH
500 g Lamm- und Rinderhackfleisch
200 g gelbe Schälerbsen, gewaschen
150 g Basmatireis, gewaschen
1 TL Kurkuma
1 große Zwiebel, gerieben
1–2 Eier
je 2 Bund Minze, Estragon,
Basilikum, Bohnenkraut, geputzt,
feingehackt
2 TL Advijeh (S.141)
2 TL Salz

FÜR DIE FÜLLUNG
6 getrocknete Aprikosen, halbiert
12 getrocknete Pflaumen, entsteint
12 Walnüsse, halbiert

FÜR DIE SAUCE
2 Zwiebeln, geschält, in Streifen
2 EL Sonnenblumenöl
2 EL Tomatenmark
2 Tomaten, gehäutet, gewürfelt
2 EL Limettensaft
1 TL Kurkuma
1 Msp. roter Pfeffer
1 TL Salz

- Pflaumen und Aprikosen 2 Std. in Wasser einweichen.
- Die Schälerbsen in 2 l Wasser mit etwas Salz 15 Min. kochen und mit einem Kartoffelstampfer oder einem Zauberstab pürieren.
- Den Reis mit Kurkuma in etwa 150 ml Wasser weichkochen und abgießen.
- Fleisch, Zwiebel, Eier, Kräuter und Gewürze gut vermischen.
- Reis und Schälerbsen dazugeben und 5 Min. lang verkneten.
- Hände befeuchten, aus der Masse 12 Bälle formen und etwas flachdrücken. In die Mitte je 1 Aprikosenhälfte, 1 Pflaume und 2 Walnusshälften geben. Die Masse rundherum schließen und wieder zu einem Ball formen.
- Für die Sauce Öl in einem großen Topf erhitzen und die Zwiebeln knusprig rösten.
- Die weiteren Saucenzutaten dazugeben und mit 800 ml Wasser ablöschen.
- Die Kufte in die Tomatensauce legen. Sie sollen etwa zur Hälfte mit Flüssigkeit bedeckt sein.
- 25 Min. bei geringer Hitze ohne Deckel oder im Backofen bei 150 °C garen, wenden und weitere 25 Min. garen.
- Mit Fladenbrot, Joghurt, Pickles und frischen Kräutern servieren.

Für die Füllung der Kufte gibt es keine Regeln. So werden manchmal ganze gekochte Eier hinzugefügt, als Kräuter auch Schnittlauch, Dill oder Koriander verwendet oder frische durch getrocknete Kräuter ersetzt. Zu Festen werden in Täbris besonders große Kufte zubereitet und mit ganzen Hühnchen gefüllt.

MORGH-E SCHEKAMPOR
GEFÜLLTES HUHN MIT WALNÜSSEN, ROSINEN UND GRANATAPFEL

4 PORTIONEN

1 Huhn (1,2–1,5 kg), küchenfertig
4 EL Granatapfelkonzentrat
Salz

FÜR DIE FÜLLUNG
3 Zwiebeln
1 EL Ghee
80–100 g Rosinen, gehackt
150–200 g Walnüsse, gehackt
1 TL Advijeh (S.141)
1 EL Honig
3–5 EL Granatapfelkonzentrat

FÜR DIE SAUCE
2 EL Ghee
1 EL Granatapfelkonzentrat
½ TL gemörserte Safranfäden,
in 2 EL heißem Wasser aufgelöst

*Das Huhn kann auch im Backofen
gegart werden.*

- Huhn waschen und trockentupfen.
- Granatapfelkonzentrat mit Salz mischen und das Huhn damit innen und außen einreiben. 2–3 Std. kühlstellen.
- Die Zwiebeln feinreiben, den Saft durch ein Tuch oder Sieb pressen und beiseitestellen.
- 1 EL Ghee in einer Pfanne erhitzen und die Zwiebeln knusprig rösten.
- Rosinen, Walnüsse und Advijeh dazugeben und kurz weiterbraten.
- Honig und Granatapfelkonzentrat dazugeben, mischen und etwas abkühlen lassen.
- Das Huhn mit der Mischung füllen und zunähen.
- 2 EL Ghee in einem Topf erhitzen und das Huhn rundum goldbraun anbraten.
- Den Zwiebelsaft und 200 ml Wasser angießen, zudecken und bei geringer Hitze 30 Min. garen, wenden und erneut 30 Min. garen.
- Granatapfelkonzentrat und Safranwasser verrühren und das Huhn damit beträufeln.
- Kurz weitergaren, bis das Huhn schön gebräunt ist.
- Auf einer Platte mit Reis servieren.

PARI MALEKI – DIE SINGENDE KÖCHIN
EIN DUFT VON SANDELHOLZ

Pari, 60, wurde in der Nähe des großen Basars in Teheran geboren. Ihre Großfamilie lebte mit Großeltern, Onkeln, Tanten und deren Familien in einem wunderschönen Haus mit bunten Glasscheiben und fünf Gärten. Ihr Vater war ein angesehener Teehändler im Basar. Die Familie hatte eine Sommerresidenz in den Bergen. Nachdem sie das Gymnasium beendet hatte, heiratete sie Mansoor, ihren Literaturprofessor. Damals war eine Liebesheirat sehr ungewöhnlich, aber Pari setzte sich durch. Pari war die Rebellin in der zehnköpfigen Familie. Pari hat zwei erwachsene Kinder, Tooka und Bamdad, die sie freiheitlich erzogen hat.

Pari hat bei verschiedenen Meistern Musik und Gesang studiert. In ihrem Leben dreht sich alles um Literatur und Musik. 1976 lebte die Familie für drei Jahre in London, nachdem Mansoor während der Schah-Zeit wegen einer Buchpublikation Probleme bekam. Nach der Revolution kehrten sie nach Teheran zurück. Pari begann, persische Musik und Gesang zu unterrichten. Mit ihrer Band tritt sie in Iran, in Europa und den USA auf. Sie spielen traditionelle Musik, und Pari interpretiert Gedichte von Hafis, Khayyām oder Rumi sowie auch moderner Poeten. Wenn in Iran Männer im Publikum sind, muss sie – zu ihrem Leidwesen – von einer männlichen Stimme begleitet werden. Und das iranische Radio sendet keine Frauenstimmen. Pari singt beim Kochen, im Auto unterwegs, manchmal sogar im Schlaf.

Ihre Wohnung, die mit vielen Gemälden zeitgenössischer iranischer Künstler geschmückt ist, duftet nach Sandelholz.

Wenn Pari kocht, wird kein Gericht zweimal gleich. Sie folgt lieber ihren eigenen Düften und Aromen und kreiert neue Gerichte oder wandelt sie ab.

Paris Lieblingsessen ist Käse mit Brot und Traubensaft.

SERESCHK POLO BA MORGH
BERBERITZENREIS MIT JOGHURTKRUSTE UND HUHN

4 PORTIONEN

FÜR DAS FLEISCH
4 Hühnerschenkel, in 8 Teilen, ohne Haut
400 g Hühnerfilet, in 8 Stücken
1 Zwiebel, feingehackt
2 Knoblauchzehen, gepresst
1 TL Kurkuma
1 TL Advijeh (S. 141)
1 TL Salz
½ TL schwarzer Pfeffer
2 EL Limettensaft
3 EL Sonnenblumenöl

FÜR DEN REIS
400 g Basmatireis
2 EL Joghurt (3,5–5%)
3 EL Sonnenblumenöl
1 TL gemörserte Safranfäden, in 3 EL Rosenwasser aufgelöst
½ EL Zimt

FÜR DIE DEKORATION
50 g Berberitzen, gewaschen
1 EL Zucker
1 EL Butter
1 EL Pistazienstifte

Weitere Informationen zu Pologerichten auf S. 14–15.

- Reis waschen und 2 Std. in Salzwasser einlegen.
- Inzwischen 2 EL Öl in einer Pfanne erhitzen, die Zwiebeln knusprig rösten und beiseitestellen.
- Die Hühnerschenkel in 1 EL Öl anbraten. Zwiebeln, Knoblauch, Gewürze und Limettensaft dazugeben. Bei geringer Hitze zugedeckt 30–60 Min. im eigenen Saft garen. Wenn nötig, etwas Wasser angießen. Mit Salz und Pfeffer kräftig abschmecken.
- Während das Fleisch gart 2 l Wasser mit etwas Salz in einem Topf aufkochen. Den abgegossenen Reis dazugeben und in 8–10 Min. knapp gar kochen.
- In ein großes Sieb abgießen, mit wenig kaltem Wasser abschrecken und gut abtropfen lassen.
- Zwei Kellen gekochten Reis mit Joghurt, Öl und 2 EL Safran-Rosenwasser mischen.
- Den Boden eines beschichteten Topfs mit der Mischung bedecken.
- Den restlichen Reis darübergeben. Mit Zimt bestreuen.
- Den geschlossenen Topf kurz stark erhitzen. Den Deckel gelegentlich anheben und prüfen, ob Dampf aufsteigt, dann 1 EL Öl über den Reis träufeln, ein Tuch zwischen Topf und Deckel legen und alles bei ganz geringer Hitze 30 Min. garen.
- Berberitzen mit 1 EL Safran-Rosenwasser, Zucker und Butter in einer kleinen Pfanne kurz erhitzen.
- Vor dem Servieren die Hühnerfiletstücke beidseitig je 1 Min. anbraten, zu den Hühnerschenkeln geben und kurz zugedeckt bei geringer Hitze garen.
- Den Reis mit der goldbraunen Kruste nach oben auf eine Platte stürzen. Die Berberitzen und Pistazien darüberstreuen und das Fleisch in einer Schale dazu servieren.

KUKU SABSI
OMELETT MIT FRISCHEN KRÄUTERN

4–6 PORTIONEN

5 Eier
insg. 50 g Petersilie, Koriandergrün,
Dill und Tareh (iran. Schnittlauch),
geputzt, feingehackt
50 g Spinat, gewaschen, feingehackt
20 g Bockshornkleeblätter, feingehackt, nach Belieben
2 EL Walnüsse, grobgehackt
¼ TL Backpulver
1 TL Advijeh (S.141)
½ TL Zimt
½ TL schwarzer Pfeffer
1 TL Salz
2 EL Sonnenblumenöl

FÜR DIE DEKORATION
1 EL rote Berberitzen, gewaschen
1 Prise Zucker
1 TL Butter

- Eier verquirlen. Alle Zutaten mit Ausnahme des Öls zum Ei geben und gut verrühren.
- 1 EL Öl in einer beschichteten Pfanne erhitzen und die Ei-Kräuter-Mischung dazugießen. Zugedeckt bei geringer Hitze 15 Min. backen, bis das Ei stockt.
- Das Omelett mit Hilfe eines Tellers stürzen.
- 1 EL Öl in die Pfanne geben und das Omelett von der anderen Seite offen weitere 5 Min. braten.
- Auf eine Platte gleiten lassen und aufschneiden.
- Berberitzen mit Zucker, 1 EL Wasser und Butter kurz erhitzen und über das Kuku streuen.

Kuku Sabsi wird an Nouruz, dem persischen Neujahrsfest, gern mit Kräuter-Reis und Fisch gegessen.
Nouruz, das persische Neujahrs- und Frühlingsfest bei Tag- und Nachtgleiche, ist ähnlich wichtig wie unser Weihnachtsfest. In der Nacht auf den Mittwoch vor Nouruz wird gesungen und über offene Feuer gesprungen. Es gibt Geschenke und besondere Gerichte. Auf dem Haft-Sin-Tisch stehen als Symbole die sg. Sieben S: Serkeh (Essig) für Geduld und Alter; Sir (Knoblauch) für Medizin; Sabseh (Weizenkeimlinge) für das neue Leben; Samanu (Weizenkeimcreme) für eine gute Ernte; Sib (Apfel) für Schönheit und Gesundheit; Sendsched (Früchte der schmalblättrigen Ölweide) für die Liebe und Seke (Münzen) für Reichtum.

TOOKA MALEKI – DIE SCHNELLE KÖCHIN
EIN DUFT VON ZIMT

Tooka, 39, ist die Tochter von Pari. Einmal, als Tooka noch ein Kind war, hatte sich die ganze Familie in einem kalten Winter in einer Berghütte um einen Korsi versammelt. Das ist ein niedriger, mit einer dicken Decke verhüllter Tisch, unter dem sich ein wärmendes Kohlebecken befindet. Darunter steckt man seine Beine. Es gab jedoch ein Problem mit der Luftzufuhr, und so verloren alle durch die Kohlegase das Bewusstsein. Weil Tooka hustete, erwachte einer der Anwesenden jedoch rechtzeitig und brachte alle an die frische Luft. Zur Feier ihrer Wiederbelebung gingen sie alle Kalle Patsche (Lammkopfsuppe) essen.

Tooka ist Kunstwissenschaftlerin und arbeitet an einer Enzyklopädie über iranische und internationale Kunst. Sie wohnt allein mit ihren zwei Kanarienvögeln; in Iran versinnbildlichen Vögel, Bäume und Blumen das Paradies. Da Tooka viel arbeitet, muss das Kochen schnell gehen. Am meisten Zeit nimmt sie sich für das Frühstück. Sie glaubt, dass Duft und Geschmack der Speisen für Iraner wichtiger sind als das Aussehen. Ihr Lieblingsduft ist Zimt.

Es gibt in Teheran immer mehr ledige Frauen wie Tooka, die über 30 sind und in der eigenen Wohnung leben. Manchmal lädt sie zu einer Party ein – dafür reichen schon drei Frauen – sie tanzen und rauchen Wasserpfeife.

Nach dem Essen gehen wir in einem Park spazieren, der vom berühmten Architekten Kamran Diba gebaut wurde. Hier spielen Männer im Schein von Parklaternen Schach und Backgammon. Auf Bänken sitzen Paare und Gruppen, die plaudern und picknicken. Wir genießen den Abend und knabbern knusprige Pommes-Chips, die in kleinen Teheraner Lokalen noch selbst gemacht werden und richtig nach Kartoffeln schmecken.

Tookas Lieblingsgericht ist der Berberitzenreis Sereschk Polo.

دُگماج

DOGMADSCH
PANIR-WALNUSS-FINGERFOOD

4 PORTIONEN

300 g Panir (Feta)
1 Zwiebel, geschält, feingehackt
1 EL Olivenöl
je 1 EL Petersilie, Basilikum, Minze
und Estragon, geputzt, feingehackt
1–2 Frühlingszwiebeln, geputzt,
feingehackt
4–6 EL Walnüsse, gehackt
1 dünnes Fladenbrot (Lavasch),
in 1 cm großen Stücken

- Den Käse in einer Schüssel zerbröckeln, mit den anderen Zutaten vermischen und einige Min. ruhen lassen.
- Aus der Masse Bällchen formen und auf einem Teller servieren.

Diese Spezialität stammt aus der Stadt Oazwin im Nordwesten des Iran, wo traditionell jeder seine Bällchen selbst formt und direkt in den Mund steckt.

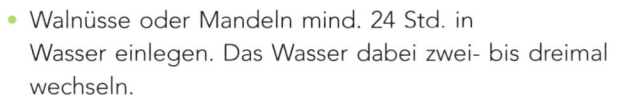

گردو و بادام خیس کرده

GERDU VA BADAM-E KHIS KARDEH
EINGELEGTE WALNÜSSE UND MANDELN

- Walnüsse oder Mandeln mind. 24 Std. in Wasser einlegen. Das Wasser dabei zwei- bis dreimal wechseln.
- Die Nüsse können dann gut eine Woche in frischem Wasser im Kühlschrank aufbewahrt werden.

Sie schmecken wunderbar frisch und eigenen sich gut als Snack zu Sabsi Khordan (S. 25).

اِشکِنه

ESCHKENEH
ZWIEBEL-EIER-SUPPE

4 PORTIONEN

4 Zwiebeln, geschält, feingehackt
2 EL Sonnenblumenöl
1 EL Mehl
1 TL Kurkuma
2 EL Bockshornkleeblätter, geputzt,
feingehackt o. Spinat
1 l Wasser
4 Eier
1 unbehandelte Limette, Schale
abgerieben
1–2 TL Limettensaft
1 Prise Zimt
Salz, Pfeffer

- 2 EL Öl in einer Pfanne erhitzen und die Zwiebeln knusprig rösten.
- Mehl darüber streuen und umrühren. Kurkuma und Bockshornklee beigeben.
- Wasser angießen und 2–3 Min. kochen.
- Die Eier dazugeben und mit dem Schneebesen verrühren.
- Die abgeriebene Limettenschale und den Saft dazugeben.
- Mit Zimt, Salz und Pfeffer abschmecken und in Schalen servieren.

سالادخیارانار

SALAD-E KHIAR O ANAR
GURKEN-GRANATAPFEL-SALAT

4 PORTIONEN

FÜR DEN SALAT
6 kleine Gurken, geschält, in
Scheiben o. kleinen Würfeln
½–1 Granatapfel, entkernt
1 rote Zwiebel, geschält, in Streifen
½ Bund Minze, geputzt und
grobgehackt
1 EL Pistazienstifte
½ TL Golpar

FÜR DIE SAUCE
Saft von 1 Limette
2 EL Olivenöl
1–2 TL Salz
½ TL schwarzer Pfeffer

- Alle Zutaten des Salats miteinander vermischen.
- Alle Zutaten der Sauce miteinander verrühren und über den Salat geben.
- Nach Belieben ½ TL Golpar dazugeben.

JEGARAKI JEGARSARAYEH 110
DAS SPIESSCHENLOKAL

Das Spießchenlokal »Jegarsarayeh 110«, das heißt Haus der Leber, hat der freund-liche Morteza von seinem Vater übernommen. Morteza schätzt, dass es in Teheran zwischen 100 und 150 Jegaraki-Lokale gibt. Das Fleisch, das er anbietet, stammt aus Metzgereien, die von seiner Familie geführt werden. Alles ist blitzsauber – Hygiene und Frische der Produkte sind für Morteza das Wichtigste, zudem gibt es viele Lebensmittelkontrollen. Sein kleines Lokal hat etwa 10 Plätze und ist sieben Tage die Woche von 8 bis 24 Uhr geöffnet. Der Gast wählt Spießchen nach seinem Geschmack aus, die dann kurz auf dem Gasgrill gebraten werden. Sie werden zwischen zwei dünnen Brotfladen (Lavasch) serviert. Dazu gibt es gegrillte Tomaten und scharfe Peperoni und auf den Tischchen stehen zusätzlich Limettensaft, Salz und Pfeffer. Die Fleischstückchen werden in ein bisschen Lavasch gewickelt und in den Mund steckt.

Seine Gäste sind mehrheitlich Frauen. Er sagt, Frauen leiden eher unter Blutarmut, und dafür ist Leber gut. Am häufigsten werden Lammleberspießchen verlangt, aber es gibt auch Spießchen mit Kalbsbries-, Herz-, Nieren-, Filet- oder Hühnerstückchen. Abends, wenn Familien kommen, ist das Geschäft am lebhaftesten.

KABAB-E JEGAR O DEL O QOLVEH
LAMM- UND HÜHNERSPIESSCHEN

6 PORTIONEN zu
je 6 SPIESSCHEN

FÜR DAS FLEISCH
300 g Lammleber
300 g Lammfilet
300 g Lammherz
300 g Lammnieren
300 g Lammbries
300 g Hühnerbrust
etwas Kurkuma
6 Tomaten
12 grüne Peperoni mild o. scharf

FÜR DAS WÜRZÖL
100 ml Olivenöl
2 TL getrockneter Thymian
2 TL Sumak
2 TL Salz
2 TL schwarzer Pfeffer
Saft und abgeriebene Schale von 1
Limette

6 Fladenbrote (Lavasch)
etwa ø 25 cm
36 kleine Spieße

- Das Fleisch und die Innereien säubern und in 2,5 cm große Stücke schneiden.
- Huhn mit Kurkuma einreiben.
- Alle Zutaten für das Würzöl in einem kleinen Topf bei geringer Hitze erwärmen und beiseitestellen.
- Spieße mit je einer Sorte Fleisch oder einer Sorte Innereien bestecken.
- Auf heißer Glut beidseitig grillen oder in einer Pfanne mit Öl auf starker Hitze bedeckt braten. Am längsten benötigt das Herz, etwas kürzer die Nieren, das Bries und das Huhn, am schnellsten sind das Filet und die Leber gar.
- Tomaten und Peperoni grillen oder im vorgeheizten Backofen braten.
- Fladenbrote auf dem Grill oder im Backofen erwärmen und auf Teller verteilen.
- Gemischte Spießchen nach Wunsch auf eine Fladenbrothälfte legen, mit dem Würzöl bestreichen und die andere Hälfte darüber falten.
- Zu jeder Portion eine Tomate und zwei Peperoni reichen, und als Fingerfood mit Limettensaft, Frühlingszwiebeln, Torschi (S. 96–97) und Mast o Khiar (S. 79) servieren.

In Iran sind die Spießchen auch mit Lammhoden (Donbalan) sehr beliebt. Sie können natürlich auch mit Innereien vom Kalb gemacht werden.

SIMA BAGHERY – DIE SCHÖNE KÖCHIN
EIN DUFT VON SAFRAN

Sima Baghery, 41, ist im Norden von Teheran aufgewachsen. Sie hat, wie viele Iranerinnen, ihren Mädchennamen behalten. Die Kinder Daniel und Jasmin sind 11 und 15 Jahre alt und mögen es, wenn Sima italienisch oder chinesisch kocht. Mohammed, ihr Mann, hat eine Ziegelfabrik. Die Familie hat vier Jahre in Kalifornien gelebt, doch Sima vermisste ihre Familie, Freunde, ihre Sprache und Kultur und wollte zurück. Sie liebt das Großstadtleben und fährt gern selbst durch den verrückten Teheraner Verkehr. Sie kauft im hübschen kleinen Basar Tadschrisch ein, und was es dort nicht gibt, lässt sie sich von den umliegenden Händlern direkt ins Haus liefern. Zur Zeit arbeitet sie an der Abschlussarbeit für ihren Master in Animation.

Dreimal die Woche kommt Shima, die afghanische Haushaltshilfe, zu Sima. Sie kocht und putzt, wenn Sima an der Uni ist. Afghanisch und Farsi haben dieselben Wurzeln, auch die Küche ist verwandt. In Iran leben viele Afghanen. Sie kommen häufig illegal ins Land und sind weitgehend rechtlos. Die Kinder können selten zur Schule gehen, und die Töchter bleiben traditionell zuhause, bis sie verheiratet werden. Sima versucht Shima zu ermutigen, ihre Tochter etwas lernen zu lassen.

Im Wohnzimmer hängen Simas Bilder. Sie malt im Stil der persischen Miniaturmalerei. Dazu verwendet sie Pinsel aus Haaren von Perserkatzen. Die allerfeinsten Pinsel haben nur ein Haar.

Sima erzählt, wie Scholeh Sard – eine Süßspeise, die traditionell zum Fastenbrechen im Ramadan gehört – zubereitet wird. Es handelt sich um ein geselliges Ereignis, denn alle Anwesenden wechseln sich beim Rühren der Süßspeise ab und erzählen dabei Geschichten. Außerdem darf man sich während des Rührens etwas wünschen. Als Sima die Scholeh Sard mit Zimt dekoriert, erkennt man die Künstlerin in ihr. Scholeh Sard wird meist in großen Portionen zubereitet und an Nachbarn verteilt.

Simas Lieblingsessen ist Khorescht-e-Bademdschan.

SCHOLEH SARD
SAFRANREIS-PUDDING

6–8 PORTIONEN

200 g Jasminreis o. Basmatireis,
gewaschen
200–300 g Zucker
1 TL gemörserte Safranfäden,
in 2 EL heißem Wasser aufgelöst
½ TL Kardamom
1 Prise Salz
20–40 ml Rosenwasser
40 g Butter
20 g Mandelstifte

FÜR DIE DEKORATION
Zimt, Pistazien- und Mandelstifte

- 1 l Wasser in einem Topf aufkochen und Reis dazugeben. Bei geringer Hitze etwa 30 Min. köcheln.
- Wenn der Reis glasig ist, Zucker, Safran- und Rosenwasser sowie Kardamom und Salz dazugeben und 15 Min. ständig rühren. Der Reis darf nicht am Boden kleben.
- Wenn der Reis sämig ist, die Butter unterrühren.
- Ein Tuch zwischen Topf und Deckel legen, damit der Reis den Dampf ausschwitzen kann und bei geringer Hitze weitere 20–40 Min. garen. Aufpassen, dass der Reis nicht anbrennt, am besten häufig umrühren.
- Mandelstifte beigeben, umrühren und heiß in Dessertschalen oder Suppenteller abfüllen. Etwas abkühlen lassen. Die Masse ist sehr sämig, die Reiskörner sind noch erkennbar.
- Zum Servieren mit Zimt ein Muster auf den Reis streuen. Mit Mandel- und Pistazienstiften dekorieren. Scholeh Sard wird kalt gegessen.

KHORESCHT-E GHORMEH SABSI
GRÜNES LAMMRAGOUT MIT KRÄUTERN

4 PORTIONEN

600 g Lammschulter mit Knochen
1 Zwiebel, geschält, feingehackt
2 EL Sonnenblumenöl
2 TL Kurkuma
80 g rote getrocknete Bohnen
je 100 g Petersilie, Spinat und
Koriandergrün, geputzt, feingehackt
200 g Tareh (iran. Schnittlauch), geputzt, feingehackt
50 g Bockshornkleeblätter, feingehackt
5 getrocknete Limetten, Schale und
Kerne entfernt o. 2 EL Limettensaft
1 Prise gemörserte Safranfäden,
in 1 EL heißem Wasser aufgelöst
1 EL Salz

- Öl in einer Pfanne erhitzen und die Zwiebeln knusprig rösten. Das Fleisch dazugeben und 5–10 Min. anbraten. Kurkuma dazugeben und verrühren.
- Alles zusammen mit 1 l Wasser und den Bohnen in einen Dampfdrucktopf geben. Gut verschließen und aufkochen lassen, bei geringer Hitze 30 Min. weichgaren.
- Den Dampfdrucktopf mit kaltem Wasser abschrecken und öffnen. Das Fleisch herausnehmen, vom Knochen lösen und wieder zu den Bohnen geben. Kräuter, Limetten, Safranwasser und Salz dazugeben. 600 ml Wasser angießen.
- Zugedeckt 30 Min. bei geringer Hitze garen.
- Dazu wird Reis serviert.

Dieses sämige grüne Ragout ist eines der beliebtesten Gerichte in Iran. Wer kein oder weniger Fleisch verwendet, nimmt einfach mehr Bohnen. Ohne Dampfdrucktopf Fleisch und Bohnen mind. 30 Min. länger garen lassen, bevor das Fleisch vom Kuchen gelöst werden kann.

BORANI

Borani ist eine traditionelle persische Vorspeise oder Beilage, bei der Joghurt mit Gemüse und Gewürzen kombiniert wird, dazu gehört knuspriges Fladenbrot. Borani-Gerichte werden z.B. mit Minze, Walnüssen oder Paprika immer schön dekoriert. Andere Gemüse, die gern verwendet werden, sind geröstete Zucchini oder gekochte Selleriestangenwürfel.

BORANI-ESFENADSCH
JOGHURT MIT SPINAT

500 g frischer Spinat, gewaschen
½ TL Salz
400 g Joghurt (3,5–5%)
Salz, Pfeffer
1 TL frisch geriebener Ingwer und ein wenig feingehackter Knoblauch, nach Belieben

- Spinat in einen Topf geben, salzen und bei geringer Hitze 5 Min. garen. Abkühlen lassen, etwas auspressen und feinhacken. Den Joghurt hinzufügen und beides vermischen. Mit Salz und Pfeffer abschmecken.
- Nach Belieben mit Knoblauch oder Ingwer verfeinern und 2 Std. kühlstellen.

BORANI-E BADEMDSCHAN
JOGHURT MIT AUBERGINEN

Ganze Auberginen im Backofen bei 220 °C in etwa 40 Min. weichbraten, schälen und feinhacken. Mit etwas Knoblauch, Olivenöl, Limettensaft, Minze, Salz und Pfeffer würzen und mit Joghurt vermischen.

BORANI-E LABU
JOGHURT MIT ROTER BETE

Gekochte Rote Bete in kleinen Würfeln mit etwas frischer oder getrockneter Minze sowie Salz und Joghurt vermischen.

GOLNAR ARDALAN – DIE TRADITIONELLE KÖCHIN
EIN DUFT VON NELKEN

Die fröhliche Golnar Ardalan, 64, wird von allen nur Goli genannt und stammt aus der Provinz Kurdistan. Kurdisch und Farsi sind verwandte Sprachen, so wie Deutsch und Schweizerdeutsch. Golis Mutter war 16, als sie Golis Vater geheiratet hat. Er war 32. Goli wiederum heiratete mit 23 den 27-jährigen Bijan. Sie haben einen Sohn und eine Tochter, Zanjyar und Rojyar.

Goli hat Wirtschaft studiert und war 25 Jahre für eine der größten Computerfirmen Teherans tätig. Ihre unverheiratete 36-jährige Tochter Rojyar ist Künstlerin, betreibt eine Galerie und für den Lebensunterhalt einen Catering-Service. Goli hilft ihr dabei.

Sie mag Musik und Filme, früher ging sie auch gerne wandern und Wildkräuter sammeln. Viele Teheraner wandern, klettern und fahren Ski in den nahen Bergen. Sie liebt kurdische Traditionen, die farbig leuchtenden Kleider der Frauen und den Tanz.

Goli kocht gerne, zum Beispiel die wärmenden sämigen Suppen (Asch) der kurdischen Küche, die in den kalten Nächten warm halten. Sie achtet auf kühlende und wärmende Gewürze und bereitet auch einmal indisches Essen zu, wie Samosas mit dem dünnen Fladenbrot Lavasch. Abends legt sie sieben Kichererbsen in ein Glas Wasser, die sie morgens roh isst. Das ist ihr Rezept gegen die Beschwerden der Wechseljahre und den Haarausfall.

Ihr Wohnzimmer ist, wie bei vielen iranischen Mittelstandsfamilien, sehr groß. Zwei Sitzgruppen und ein Esstisch mit acht Stühlen haben problemlos auf drei großen Perserteppichen Platz. Zum Empfang bietet sie uns Kandiszuckerstückchen mit Kardamom und einen mit Wasser aufgespritzten Oreganosirup an. Nach dem Kochen räuchert sie die Küche mit Weihrauch aus, das vertreibt den Kochgeruch und – den bösen Blick.

Golnars Lieblingsgericht ist Baghali Polo.

KOTLET
KARTOFFEL-HACKFLEISCH-TALER

6–8 PORTIONEN oder
16 STÜCK

400 g Lamm- o. Rinderhackfleisch
400 g Kartoffeln, geschält,
in groben Stücken
½ EL Salz
1 TL Pfeffer
1 große Zwiebel
1 Ei
½ EL Kurkuma
½ EL Salz
1 TL schwarzer Pfeffer
100 g Paniermehl
100–200 ml Öl zum Frittieren

- Kartoffeln mit Salz und Pfeffer gar kochen, Wasser abgießen und etwas abkühlen lassen.
- Kartoffeln stampfen.
- Zwiebel feinreiben, etwas Saft weggießen und mit Fleisch, Ei, Kurkuma, Salz und Pfeffer zu den Kartoffeln geben. 5 Min. gut kneten. Je besser die Masse geknetet wird, desto weniger fällt sie auseinander. Wenn sie zu feucht ist, etwas Paniermehl dazugeben.
- Paniermehl auf ein Brett streuen.
- Aus der Masse 16 etwa eigroße Bälle formen, in Paniermehl wenden und mit einem Kochlöffel vorsichtig auf etwa 1 cm Höhe flachdrücken.
- Öl in einer Pfanne erhitzen und die Taler goldbraun frittieren.
- Herausnehmen und auf Haushaltspapier abtropfen lassen.

Traditionell wurden Kotlet zu Asch, also sämigen Suppen, gereicht. Heutzutage werden sie mit Kräutern, Salzgurken und Fladenbrot gegessen oder auch beim Picknick.

ABGUSCHT-E ABGHOUREH
LAMMEINTOPF MIT MANGOLD

4 PORTIONEN

600 g Lammschulter mit Knochen, am Stück
80 g Kichererbsen
2–3 Nelken
75 g Reis
1 große Zwiebel, geschält, feingehackt
1 EL Kurkuma
1 TL schwarzer Pfeffer
3 schmale Auberginen, entstielt, in 3 Stücken
300 g Mangold, gewaschen, in 3 cm großen Stücken
60 g Minze, geputzt, feingehackt
½ EL Salz
200 ml Abghureh (Saft unreifer Trauben) o. 50 ml Limettensaft

FÜR DIE DEKORATION
2 EL getrocknete Minze
2 EL Sonnenblumenöl

- Am Vortag Kichererbsen in Wasser einlegen.
- 2 l Wasser aufkochen, Lammschulter und Kichererbsen dazugeben, wieder zum Kochen bringen, den sich bildenden Schaum abschöpfen, die Nelken dazugeben und bei geringer Hitze 60 Min. garen lassen.
- Reis, Zwiebeln, Kurkuma und Pfeffer dazugeben und bei geringer Hitze 30 Min. weitergaren.
- Auberginen, Mangold, Minze und Salz dazugeben und nochmals 30 Min. bei geringer Hitze weitergaren.
- Abghureh angießen, mit Salz abschmecken und alles gut vermischen. Das Fleisch soll so weich sein, dass es mit einem Löffel portionsweise abgestochen werden kann.
- Die Flüssigkeit in Suppenschalen schöpfen und die Einlage separat auf Tellern servieren.
- Minze mit Öl erhitzen und über die Suppenschalen träufeln.

Dazu Fladenbrot servieren, das in die Suppe gebröckelt wird.

POLO JEKAVEH
KURKUMAREIS MIT FLADENBROTKRUSTE, RIND UND ROSINEN

4 PORTIONEN

FÜR DAS FLEISCH
400–600 g Rind- o. Lammfleisch aus
der Keule, in 1 cm großen Stücken
300 g Reis
2 große Zwiebeln, geschält,
feingehackt
2 EL Sonnenblumenöl
1 EL Kurkuma
1 TL schwarzer Pfeffer
½ EL Salz
80 g Rosinen
30 g Butter
4 EL Kurkuma
2 Nelken
2 EL Sonnenblumenöl
1 dünnes Fladenbrot
1 TL Zimt
½ TL Safranfäden, gemörsert
30 g Butter

*Mit Sabsi Khordan (S. 25) und Joghurt
servieren.*

**Weitere Informationen zu
Pologerichten auf S. 14–15.**

- Reis waschen und 2 Std. in Salzwasser einlegen.
- Inzwischen Öl in einer Pfanne erhitzen. Die Hälfte der Zwiebeln knusprig rösten und beiseitestellen.
- Die Fleischstücke mit Kurkuma und Pfeffer anbraten.
- Die Röstzwiebeln beigeben und dann 500 ml Wasser angießen.
- Etwa 40 Min. weichgaren, bis die Flüssigkeit eingedampft ist. Mit Salz abschmecken.
- Rosinen mit Butter in einer Pfanne bei geringer Hitze kurz rösten.
- Ein paar Rosinen für die Dekoration beiseitelegen und den Rest unter das Fleisch mischen.
- Während das Fleisch gart 1,5 l Wasser mit etwas Salz in einem Topf aufkochen.
- Reis, Kurkuma und Nelken dazugeben und in 8–10 Min. knapp gar kochen.
- In ein großes Sieb abgießen, mit wenig kaltem Wasser abschrecken und gut abtropfen lassen.
- In einem beschichteten Topf 2 EL Öl mit 2 EL Wasser erwärmen.
- Boden mit Fladenbrotstücken belegen.
- Mit ¼ vom Reis bedecken und ⅓ des Fleisches darübergeben. Mit Zimt bestreuen. So fortfahren und Lage um Lage einen Hügel schichten.
- Den geschlossenen Topf kurz stark erhitzen. Den Deckel gelegentlich anheben und prüfen, ob Dampf aufsteigt, dann Safran, Butter und 3 EL Wasser erwärmen und über den Reis geben, ein Tuch zwischen Topf und Deckel legen und alles bei ganz geringer Hitze 30 Min. garen.
- Den Reis mit der Kruste nach oben auf eine Platte stürzen und mit ein paar Rosinen bestreuen.

Die Sangakbäckerei

سنگک

SANGAK
DÜNNES VOLLKORN-FLADENBROT

FÜR 5 FLADENBROTE
ETWA 25 x 15 cm

250 g dunkles Weizenmehl,
Type 1600
250 g Weizenmehl, Type 812
½ TL Trockenhefe
1½ TL Salz
450 ml lauwarmes Wasser
1 EL Sonnenblumenöl
etwa 100 g Sesamsamen

*Sangak wird in Backstuben und
Restaurants im Steinofen auf Kiesel-
steinen gebacken.*

- Mehl mit Hefe und Salz mischen. Lauwarmes Wasser in die Mitte gießen und zu einem sehr feuchten Teig rühren.
- Das Öl in einer Schüssel schwenken, den Teig hinein-legen, mit einem feuchten Tuch bedecken und 2–3 Std. ruhen lassen.
- Den Backofen auf 250 °C vorheizen. Ein Backblech mit Backpapier belegen und ein zweites mit einer Handvoll Sesam bestreuen.
- Mit sehr nassen Händen ⅕ Teig zu einem Ball formen und gleichmäßig zu einem Fladen ziehen. Auf den Sesam legen und zu einem 5 mm dicken Fladen zie-hen bzw. drücken oder ausrollen. Vorsichtig mit dem Sesam nach oben auf das Backpapier legen.
- Mit nassen Fingerkuppen in engen Abständen kräftige Eindrücke machen.
- Im Backofen 7 Min. backen.

FLADENBROTE

Am besten schmecken Brotfladen frisch gebacken. In den Teig können Gewürze wie Kreuzkümmel, Fenchelsamen oder Koriander gemischt werden. Sie können gut eingefroren werden.

LAVASCH, das dünnste und üblichste Fladenbrot aus Weißmehl, und **TAFTUN,** dünnes im Tandoori-Ofen gebackenes Fladenbrot aus Weißmehl, werden nicht zuhause gebacken, sondern beim Bäcker gekauft.

SANGAK ist ein dünnes Fladenbrot mit Noppen aus Vollkorn- und Halbweißmehl.

BARBARI ist das dickste Fladenbrot aus Weißmehl.

بربری

BARBARI
DICKES WEISSMEHL-FLADENBROT

FÜR 3 FLADENBROTE
ETWA 15 x 10 cm

500 g Weizenmehl
330 ml Wasser
2 TL Trockenhefe
1½ TL Salz
etwa 20 g Weizenkleie
etwa 10 g Sesam-
o. Schwarzkümmelsamen

Statt mit Mehlbrei kann die Oberfläche auch mit Öl oder Joghurt plus Safranwasser bestrichen werden. Die Fladenbrote können eingefroren und wieder aufgebacken werden.

- 1 EL Mehl mit etwas Wasser zu einer breiigen Masse verrühren und beiseitestellen.
- Mehl mit Hefe und Salz mischen. Das Wasser in die Mitte gießen und zu einem Teig verkneten. Mind. 1 Std. zugedeckt ruhen lassen.
- Backofen auf 250 °C vorheizen und ein Backblech mit Backpapier belegen.
- Den Teig zu fünf Bällen formen.
- Eine Unterlage mit Weizenkleie bestreuen.
- Einen Teigballen mit nassen oder öligen Händen etwas flachdrücken und auf der Kleie zu einem 1–2 cm dicken Fladen ziehen. Für schöne Farbe und Glanz ein wenig Mehlbrei darauf streichen und den Fladen auf das Blech legen.
- Mit öligen Fingerkuppen in engen Abständen kräftige Eindrücke machen. Mit Sesam bestreuen.
- Etwa 10 Min. backen, bis das Brot eine goldene Kruste hat, aber nicht durchgetrocknet ist.

SOLTANEH GOHARI – DIE BRILLANTE KÖCHIN
EIN DUFT VON KARDAMOM

Soltaneh, 50, wuchs als jüngstes von sechs Kindern in Rascht auf. Als sie mit 17 zum Studieren nach Teheran kam, waren die Universitäten wegen der Revolution geschlossen. Stattdessen lernte sie am Goethe-Institut Deutsch, denn sie wollte in Deutschland Medizin studieren, doch dann durfte niemand mehr ausreisen. Sie besuchte daher Koch- und Backkurse in Teheran und eröffnete einen Patisserie-Cateringservice, den sie bis heute führt. Vor sieben Jahren besuchte Soltaneh außerdem Kurse in Gemmologie – Edelsteinkunde. Heute entwirft sie, passend zu ihrem Mädchennamen Gohar (Juwelen) Schmuck.

Die Heirat mit Bijan war eine Liebesheirat; ein Jahr später kam ihr Sohn Kourosh zur Welt. Soltaneh hatte eine schöne Jugend in dem großen Familienhaus in Rascht. Sie ernteten Quitten, saure Pflaumen, Sauerkirschen und Feigen und machten viel ein. Zum Frühstück gab es gekochte Feigen mit Walnüssen. Die Männer schlugen die Butter in Töpfen und aus der Buttermilch machten sie Dugh. Der Saft von unreifen Trauben, Granatäpfeln und Bitterorangen wurde frisch gepresst. Einmal im Jahr kam ein Fischer und salzte Fische ein. Soltaneh erinnert sich, wie sie löffelweise Kaviar mit gekochten Eiern, Zwiebelstreifen und Limettensaft auf dünnen Schwarzbrotscheiben gegessen haben. Die Kinder mischten Kichererbsenmehl mit Zucker und saugten diese Süßigkeit mit einem Röhrchen aus einem Säckchen. Und in den Schulpausen aßen sie Lavaschak: mit wenig Salz eingekochte und flachgepresste Kornelkirschen und Sauerpflaumen. Ihre Mutter, eine sehr gute Köchin, hat alle Familienrezepte in ein kleines Büchlein geschrieben, das Soltaneh gerne zur Hand nimmt. Und sie erzählt schmunzelnd, dass ihre Mutter Gemischtwarenläden »Az Shir-e-Morgh ta Jun-e Adamizad« nannte. Das heißt: Er verkauft alles – von Hühnermilch bis zur menschlichen Seele ...

Soltaneh kocht für uns vorwiegend nordiranische Küche, die bekannt für vegetarische Gerichte ist. Zur Begrüßung serviert sie uns Granatapfelkerne, bestreut mit etwas Salz und Golpar.

Soltanehs Lieblingsgericht ist Khorescht-e Fesendschan.

KHORESCHT-E GHEYMEH
KALBSRAGOUT MIT GELBEN SCHÄLERBSEN

6–8 PORTIONEN

500 g Kalb aus der Schulter,
in 2 cm großen Würfeln
2 große Zwiebeln, gehackt
2 EL Sonnenblumenöl
100 g gelbe Schälerbsen
4–5 getrocknete Limetten o.
Saft von 1 Limette
1 TL Advijeh (S.141)
1 TL Kurkuma
1½ TL Zimt
2 EL Tomatenmark
500 g Kartoffeln, geschält, in feinen
Stäbchen wie Pommes frites
Öl zum Frittieren
Salz, schwarzer Pfeffer

- In einer großen Pfanne Öl erhitzen und die Zwiebeln knusprig rösten.
- Schälerbsen dazugeben und 3–5 Min. braten.
- Fleischwürfel dazugeben und bei geringer Hitze garen, bis der Fleischsaft eingekocht ist.
- Die getrockneten Limetten mit einer Gabel einstechen und mit den Gewürzen und dem Tomatenmark zum Fleisch geben. 500 ml Wasser angießen. Bei geringer Hitze 45–60 Min. köcheln.
- Öl in einer Pfanne zum Sieden bringen, die Kartoffeln darin frittieren und auf Küchenpapier abtropfen lassen.
- Die Fleisch-Schälerbsenmischung in eine flache Schüssel geben und die Pommes frites darüberlegen.
- Dazu wird Reis serviert.

Khorescht-e Gheymeh ist ein wichtiges Gericht in Iran und wird speziell an Aschura, dem 10. Tag des Trauermonats Muharram und im Gedenken an die Toten serviert. Es kann auch mit Lamm oder kleingeschnittenen Hühnerbruststücken zubereitet werden – wobei sich die Kochzeit verkürzt.

MAHI FIVIDSCH
SÜSSSAUER GEFÜLLTE SEEBRASSE

4 PORTIONEN

1 Seebrasse o. 4 Forellen, ganz, küchenfertig
100–150 g Walnüsse, feingehackt
1–2 EL Rosinen, gehackt
2–3 EL Granatapfelkonzentrat
1 TL getrocknete Minze
Salz, Pfeffer
¼ TL Golpar, nach Belieben
Butter für die Form

- Backofen auf 200 °C vorheizen. Die Fische waschen und trockentupfen.
- Für die Füllung alle weiteren Zutaten miteinander vermengen. Den Weißfisch oder die Forellen mit der Mischung füllen.
- Eine Auflaufform einfetten und den Fisch hineinlegen.
- Die Seebrasse im Backofen etwa 50 Min., die Forellen 20–30 Min. backen.
- Dazu passen Polo (S. 14) oder Kateh (S. 13).

Anstelle der Seebrasse kann ein anderer fettarmer fest-fleischiger Meerfisch genommen werden.

KUKU ASCHPAL
OMELETT MIT KAVIAR

4 PORTIONEN

100 g Kaviar
50 g glatte Petersilie, geputzt, feingehackt
3 Knoblauchzehen
3 Eier
¼ TL Backpulver
1 TL Kurkuma
Salz, Pfeffer
2 EL Olivenöl

Mehr als 70% des nach Deutschland eingeführten Kaviars stammt aus Iran. Er kann durch anderen Fischrogen, z. B. vom Lachs ersetzt werden. Das schmeckt anders, aber auch lecker.

- Den Kaviar mit einer Gabel vorsichtig mit der Petersilie vermischen.
- Den Knoblauch pressen und dazugeben.
- Die Eier verquirlen und vorsichtig in die Kaviarmasse hineinrühren.
- Backpulver und Gewürze dazugeben.
- 1 EL Öl in einer kleinen beschichteten Pfanne erhitzen.
- Die Masse bei geringer Hitze backen, bis das Ei stockt.
- Das Omelett mit Hilfe eines Tellers stürzen.
- 1 EL Öl in die Pfanne geben, und das Omelett von der anderen Seite 2–5 Min. braten.
- Auf eine Platte gleiten lassen und zum Servieren in Stücke schneiden.

BAGHALA GHATOGH
BOHNEN-RAGOUT MIT EI

2 PORTIONEN

200 g getrocknete Limabohnen,
eingeweicht o. 300 g frische
1 EL Olivenöl
1 EL Butter o. Ghee
3 EL Dill, geputzt, feingehackt
2 TL getrockneter Dill
3 Knoblauchzehen, feingehackt
1 TL Salz
½ TL Kurkuma
1 Ei
Salz, Pfeffer

- Öl und Butter in einem Topf erhitzen, die Bohnen dazugeben und kurz anbraten.
- Dill, Knoblauch und Gewürze dazugeben.
- 100 ml Wasser angießen und zugedeckt bei geringer Hitze etwa. 30 Min. weichgaren.
- Es soll etwas Flüssigkeit bleiben, also bei Bedarf Wasser nachgießen.
- Das Ei in die Mitte der Bohnen schlagen und mit etwas Salz und Pfeffer würzen.
- Zudecken und bei geringer Hitze garen, bis das Eiweiß fest ist.
- Mit Reis servieren.

SEYTUN PARVARDEH
EINGELEGTE GRÜNE OLIVEN

300 g grüne Oliven
100 g Walnüsse, gemahlen
1 Knoblauchzehe, gepresst
½ Bund Koriandergrün, geputzt,
feingehackt
1 EL Minze, geputzt, feingehackt
Salz
50 ml frischer Granatapfelsaft

FÜR DIE DEKORATION
2 EL Granatapfelkerne

In Iran werden nur grüne Oliven angeboten.

- Alle Zutaten miteinander vermischen und über die Oliven geben.
- Kurz ziehen lassen, mit den Granatapfelkernen bestreuen und servieren.

BERENDSCH ADAS BERESCHTEH
PUFFREIS UND -LINSEN MIT GERÖSTETEM SESAM

20 PORTIONEN

100 g weicher Reis (z. B. Risottoreis)
100 g braune o. grüne Linsen
2 EL Sesam o. Hanfsamen
Salz

- Am Vortag Reis und Linsen waschen und über Nacht getrennt in gut gesalzenes kaltes Wasser einlegen.
- In ein Sieb abgießen und abtropfen lassen. Die Körner sollen feucht, aber nicht nass sein.
- Eine Pfanne ohne Fett erhitzen.
- Reis und Linsen getrennt in kleinen Portionen unter stetigem Schütteln oder Rühren bei mittlerer bis hoher Hitze leicht golden rösten, bis die Körner gepufft sind. Aufpassen, dass sie nicht verbrennen. Achtung: Sie springen beim Puffen!
- Sesam kurz anrösten, mit Puffreis und -linsen vermischen und als Snack servieren.

Diese Mischung kann gut in einer Dose aufbewahrt werden. Auch Weizenkörner können gepufft werden.

DOSCHAB BERENDSCH
REIS-SESAM-SÜSSIGKEIT

FÜR 50 STÜCK

120 g Reis
90 g Sesam
4 EL Traubendicksaft
4 EL Honig
1 EL Butter
1 TL frisch gemörserter Kardamom
Butter für die Form
Sesam

FÜR DIE DEKORATION
25 g geriebene Walnüsse, Pistazien
o. Rosenblätter

- Reis puffen und Sesam rösten (s. o.).
- Traubendicksaft, Honig und Butter in einem Topf bei geringer Hitze zu einem Sirup kochen.
- Puffreis, Sesam und Kardamom beigeben und unter Rühren weiterkochen, bis die Masse sehr körnig und dick ist.
- Eine Form einfetten, mit etwas Sesam bestreuen und die heiße Masse ½–1 cm dick einfüllen.
- Mit der Dekoration bestreuen. Solange die Masse noch heiß ist, in 2–3 cm große Stücke schneiden. Auskühlen lassen und nochmals nachschneiden.

Zwischen die Lagen Butterpapier legen und trocken aufbewahren, damit die Stückchen nicht aneinander kleben.

SCHIR-E MORGH
KICHERERBSENPLÄTZCHEN

FÜR 35–40 STÜCK

80 g Ghee
200 g geröstetes Kichererbsenmehl
50 g Puderzucker
1 TL Kardamom

FÜR DIE DEKORATION
gehackte Pistazien

Dazu schmecken Granatapfelkerne.

- Ghee in einem Topf schmelzen.
- Kichererbsenmehl langsam dazugeben und bei geringer Hitze unter Rühren hellbraun rösten. Achtung, Kichererbsenmehl verbrennt schnell.
- Den Topf vom Feuer nehmen, Puderzucker und Kardamom langsam untermischen.
- Den Teig in eine viereckige Form geben, auf etwa 1 cm Höhe flachpressen.
- Mit Pistazien bestreuen und leicht abkühlen lassen.
- In 2 x 2 cm große Vierecke schneiden, erkalten lassen und kühlstellen.

BADAM BOUDADEH VE SARDSCHUBEH
GERÖSTETE MANDELN MIT KURKUMA

Für 100 g Mandeln 1 TL Kurkuma und 1 TL Salz in 150 ml heißem Wasser auflösen. Die Mandeln über Nacht einlegen. Abgießen und im Backofen bei 200 °C 12 Min. trocken- oder mit wenig Öl leicht anrösten. Auch ungeschälte Mandeln, Sonnenblumen- und Kürbiskerne können so zubereitet werden.

KHALAL BADAM BOUDADEH
GERÖSTETE MANDELSTIFTE

100 g Mandelstifte etwa 3 Std. in einem Glas Wasser mit 1 TL Kurkuma oder ¼ TL gemörsertem Safran einlegen. Abgießen und in einer Pfanne auf geringer bis mittlerer Hitze trocken- oder mit wenig Öl leicht anrösten. Die Mandelstifte eignen sich sehr schön als Dekoration.

Frisch gemörserter Kardamom schmeckt viel intensiver als gekauftes Pulver und duftet wunderbar. Samen ohne Schoten sind im Bioladen erhältlich.

SCHEKAR BOREH
PLÄTZCHEN MIT MANDELFÜLLUNG

FÜR 30–40 STÜCK

FÜR DEN TEIG
500 g Mehl
5 Eigelb
100–150 ml Milch, zimmerwarm
1 TL Trockenhefe
150 g Butter

FÜR DIE FÜLLUNG
250 g gemahlene Mandeln
250 g Zucker
1½ TL frisch gemörserter Kardamom
2–4 EL Rosenwasser

- Den Backofen auf 180 °C vorheizen.
- Mehl, Eigelb, Milch, Hefe und Butter in einer Schüssel zu einem Teig kneten.
- Zudecken und mind. 1 Std. an einem warmen Ort ruhen lassen.
- Alle Zutaten der Füllung miteinander mischen.
- Eine Unterlage mit Mehl bestreuen und den Teig 2 mm dick ausrollen.
- Mit einem Glas Kreise von 6–10 cm ø ausstechen.
- 1–2 TL Füllung auf eine Hälfte geben und den Teig zufalten und den Rand in einem Muster zudrücken.
- Mit einer kleine Zierzange, Pinzette oder den Fingernägeln Muster in die Oberfläche stechen.
- Die Plätzchen 20–30 Min. auf mittlerer Schiene goldgelb backen.

PARVIN RIAHI – DIE SANFTMÜTIGE KÖCHIN
EIN DUFT VON KORIANDER

Parvin, 56, stammt aus Schahrekord, einer Stadt in der Nähe von Isfahan. Sie war bis zu ihrer Pensionierung als Hochschullehrerin für Englische Sprache tätig. In Iran werden Berufsstätige nach 30 Jahren pensioniert. Parvin hat eine sehr warme, sanftmütige Ausstrahlung. Ihr Mann Khalil war der Freund ihres verstorbenen Bruders. Er stammt aus der südiranischen Stadt Abadan am Persischen Golf. Gemeinsam haben sie zwei Töchter, und ich hatte das Glück, die Hochzeit ihrer Tochter Azadeh besuchen zu können (S. 88).

Anahita, ihre Nichte, assistiert Parvin, weil sie einige Gerichte noch nicht selbst gekocht hat. Anahita, 28, ist in der südlichen Hafenstadt Mahschahr nahe der irakischen Grenze aufgewachsen, seit zwei Jahren verheiratet und studiert in Teheran Umweltrecht. Die Stadt bietet ihr mehr Möglichkeiten. Auch Parvin lebte mit ihrem Mann im Süden, dort haben sie den Iran-Irak-Krieg miterlebt; als danach alles brach lag, zogen sie nach Teheran, wo Khalil als Buchhalter Arbeit fand.

Parvin kocht uns Gerichte aus dem Süden, die sie von ihrer Schwiegermutter gelernt hat. Die Küche des Südens ist von der indischen Küche beeinflusst, d.h. es werden scharfe Gewürze und viel Knoblauch verwendet. Krevetten werden häufig gegessen und viel Meeresfisch, der als Ragout, im Backofen gebacken oder gegrillt serviert wird. Das dazugehörige Fladenbrot heißt Tiri und ist noch dünner als Lavasch.

Zum Willkommen serviert sie uns Tee, gewürzt mit Kardamom, sowie frische Granatapfelkerne mit Zucker und Rosenwasser. Und nach dem Essen sagen die Gäste: »Bah Bah!« – es war köstlich.

Parvins Lieblingsessen ist Schirin Polo.

MAHI SCHEKAMPOR
WOLFSBARSCH MIT KRÄUTERFÜLLUNG

4 PORTIONEN

1 kg Wolfsbarsch, ganz,
küchenfertig
1 Zwiebel, feingehackt
1 EL Sonnenblumenöl
1 TL Kurkuma
50 g Bockshornkleeblätter, geputzt,
feingehackt
150 g Koriandergrün, geputzt,
feingehackt
2 Nelken
6 Knoblauchzehen, gepresst
1 TL Advijeh (S.141)
1–2 EL Limettenpulver
o. Tamarindenpaste, in wenig
Wasser aufgelöst
1 TL Salz
1 TL roter scharfer Pfeffer
2 EL Sonnenblumenöl

- Den Backofen auf 200 °C vorheizen.
- Fisch salzen und nach 20 Min. waschen und trocknen.
- Zwiebel mit Kurkuma in 1 EL Öl anrösten.
- Kräuter und Gewürze dazugeben und kurz auf geringer Hitze weiterbraten.
- Den Fisch mit der Mischung füllen.
- Eine Auflaufform mit dem Öl einfetten und den Fisch hineinlegen.
- Im Backofen etwa 30 Min. backen.
- Mit Reis servieren.

Dieses Fischgericht kommt im Gegensatz zum nordirani-schen Mahi Fividsch aus dem Südiran. Es eignet sich jeder festfleischige Meeresfisch.

GHALIEH MAHI
BARSCHRAGOUT

4 PORTIONEN

1 kg Seng-e Sar (Barschart),
in Stücken, o. festfleischiger
Meeresfisch
2 Zwiebeln, feingehackt
2 EL Sonnenblumenöl
½ TL Kurkuma
10 Knoblauchzehen, feingehackt
1 EL Advijeh s.u.
1 TL Salz
1 TL scharfer roter Pfeffer
150 g Koriandergrün, geputzt, feingehackt
50 g grüner Bockshornklee,
geputzt, feingehackt
1 EL Mehl
2 EL Tamarindenpaste, in 100 ml
Wasser aufgelöst, Kerne abgesiebt
1 EL Tomatenmark

- Fischstücke waschen.
- Öl in einer Pfanne erhitzen und die Zwiebeln mit Kurkuma knusprig rösten. Knoblauch, Gewürze und Kräuter dazugeben.
- Die Fischstücke auf die Kräutermischung legen und bei geschlossenem Deckel 5–10 Min. bei geringer Hitze garen, vorsichtig aus der Pfanne nehmen und beiseitelegen.
- Einen Topf ohne Fett erhitzen und das Mehl bei mittlerer Hitze unter stetigem Rühren hellbraun rösten.
- Tamarindenwasser und 200 ml Wasser angießen.
- Die Kräutermischung und das Tomatenmark dazugeben und alles verrühren.
- Bei geringer Hitze zugedeckt 10 Min. garen.
- Fischstücke hineinlegen und 5 Min. weitergaren.
- Mit Reis servieren.

Wer möchte, kann auch Fischfilets verwenden. Dasselbe Gericht mit Krevetten anstatt Fisch heißt Ghalieh Meygu.

ADVIJEH
SÜDIRANISCHE GEWÜRZMISCHUNG

FÜR EIN 150 ml GLAS

2 g Kardamomsamen
10 g schwarze Pfefferkörner
40 g Kreuzkümmelsamen
40 g Koriandersamen
20 g Fenchelsamen
1 Zimtstange
2 Nelken
1 Chilischote

- Alle Gewürze zusammen mörsern. Durch ein Sieb seihen. In ein Glas abfüllen und gut verschlossen im Dunkeln aufbewahren.

Die Gewürzmischungen sind dabei regional und nach Gericht unterschiedlich. Sie können auch Ihre eigene Wunschmischung zusammenstellen. Ähnlich ist das indische Garam Masala, das als Pulver in vielen Geschäften angeboten wird.

به طباخی لاله خوش آمدید
بناگوش............................ ۴۰۰۰ تومان
زبان یک عدد...................... ۵۵۰۰ تومان
باچه یک عدد..................... ۲۰۰۰ تومان
مغزیک عدد....................... ۴۰۰۰ تومان
چشم یک جفت..................... ۲۵۰۰ تومان
آبگوشت با مغز.................... ۳۰۰۰ تومان
آبگوشت ساده...................... ۲۰۰ تومان
سیراب شیردان یکدست کامل........ ۷۰۰۰ تومان
یک پرس سیرابی................... ۳۵۰۰ تومان
سرویس برای هر نفر (نان و آبلیمو)... ۱۰۰۰ تومان
نرخ ها بر حسب نمرخ اتحادیه می باشد

KALLE PATSCHEGI – »TABAKHI LALEH«
DAS LAMMKOPFRESTAURANT

Seit eh und je sind Lammkopfrestaurants sehr beliebt. Schon vor 700 Jahren schrieb Abu Eschagh Atameh, ein Poet aus Schiras: Er hat seinen Kopf für die Religion geopfert. Ich gebe meinen Kopf für eine Lammkopfsuppe.

Das Lammkopfrestaurant »Tabakhi Laleh« hat von 4 Uhr morgens bis Mitternacht geöffnet. Am meisten los ist im Winter, morgens zwischen 6 und 9 Uhr. Die Gästestruktur ist gemischt, Stammgäste kommen bis zu dreimal die Woche.

Im Lokal ist ein großer mit Sand isolierter Garkessel eingemauert. Daneben steht ein Tandoori-Ofen, in dem das Taftun-Fladenbrot an die heißen Wände gedrückt und frisch gebacken wird. Auf den Tischen stehen Limetten- oder Bitterorangensaft, Zimt, Salz und Pfeffer. Abends wird der Garkessel aufgeheizt, dann werden Lammköpfe und Füße mit Zwiebeln und Salz im heißen Wasser aufgekocht. Dank der guten Isolation werden sie über Nacht mit der Restwärme fertiggegart.

Ein Koch zerlegt einen Kopf und gibt je nach Bestellung Bäckchen, Zunge, Muskelfleisch aus der Augenpartie, Hirn oder Füße auf ein Tellerchen. Die Suppe wird separat in einer Schale serviert und mit Zimt bestreut. Dazu werden frisch-gebackene Sangak- oder Taftun-Fladenbrote gereicht sowie Torschi, Pickles. Die Brotstücke werden in die Suppe gebröckelt und Limetten- oder Bitterorangensaft darübergeträufelt. Mir schmecken besonders die saftigen Bäckchen sowie die zarte Zunge.

Ein Vater kommt mit seiner Tochter, die einen gebrochenen Arm hat, ins »Tabakhi Laleh«. Er erzählt uns, dass sie hier Suppe essen, damit ihr Arm besser heilt. Die Tochter ist nicht übermäßig begeistert, isst aber brav auf, denn besonders Lammfüße und -suppe sollen die Knochen stärken.

Kalle-Patsche-Lokale haben Fixpreise (Stand Okt. 2012). Die offizielle Währung heißt Rial. 10 Rial sind 1 Tuman.

1 Fuß	2000 Tuman / € 0.80
1 Zunge	5500 Tuman / € 2.20
1 Bäckchen	4000 Tuman / € 1.60
1 Hirn	4000 Tuman / € 1.60

BILDGLOSSAR

ADVIJEH Gewürzmischung
Auf dem Basar werden Mischungen von 5–20 Gewürzen angeboten. Die Gewürze werden in Lagen aufeinandergeschichtet und beim Kauf miteinander vermischt.

DARTSCHIN Zimt; für sehr viele Gerichte u. Süßigkeiten, Dekoration

GESCHNIS Koriander; für viele Gerichte, Gebäck

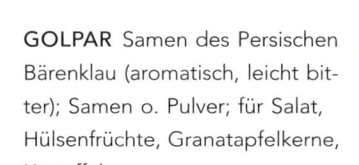

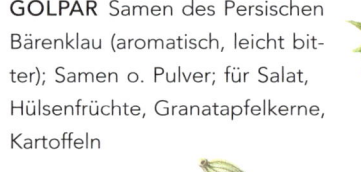

GOLPAR Samen des Persischen Bärenklau (aromatisch, leicht bitter); Samen o. Pulver; für Salat, Hülsenfrüchte, Granatapfelkerne, Kartoffeln

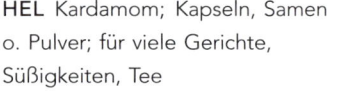

HEL Kardamom; Kapseln, Samen o. Pulver; für viele Gerichte, Süßigkeiten, Tee

DIE WICHTIGSTEN 7 GEWÜRZE
schwarzer Pfeffer, Kurkuma, Kreuzkümmel, Kardamom, Koriander, Zimt und Ingwer

WEITERE GEWÜRZE Fenchelsamen, Knoblauchpulver, Limettenpulver, Muskatblüten, Muskatnuss, Nelken, Orangenblüten, Oregano, Rosenblätter, scharfer roter Pfeffer (Chili) u. Senfkörner

JOS-E HENDI Muskat; Nüsse o. Pulver; für Backwaren, Süßigkeiten, Eintöpfe, Gemüse, Fleisch

MIKHAK Gewürznelke; für Tee, Gebäck, Eintöpfe, Fleisch

KHAK-E SCHIR Samen der Besenrauke; für Erfrischungsgetränke

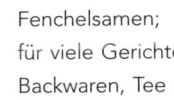

RASIJANEH
Fenchelsamen;
für viele Gerichte,
Backwaren, Tee

SOMAGH Sumak, auch
Gewürzsumach (säuerlich);
Steinfrüchte o. Pulver; für
Gegrilltes

TOKHME REYHUN, Basilikumsamen (indisch Tukmaria);
für Erfrischungsgetränke

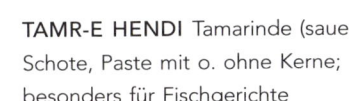

TAMR-E HENDI Tamarinde (sauer);
Schote, Paste mit o. ohne Kerne;
besonders für Fischgerichte

SAFARAN Safranfäden,
Stempel des purpur-
farbenen Krokus (aphro-
disierend); für sehr viele
Gerichte, besonders Reis
u. Süßes

SANDSCHEBIL Ingwer;
frisch o. getrocknet; für viele
Gerichte, Thorshi, Tee

SARDCHUBEH Kurkuma o. Gelbwurz;
für Reis u. sehr viele Gerichte,
farblich auch als Safranersatz

SIREH-JE SABS
Kreuzkümmel; für Reis,
viele Gerichte, Gebäck, Brot

BAMIJEH Okra o. Okraschoten
frisch o. getrocknet; für Khorescht
u. als Gemüse

GESCHNIS Koriandergrün;
für Sabsi Khordan, Joghurt,
Salat, zum Kochen

GOLE GAVSABAN
Borretschblüten; frisch als
Dekoration, getrocknet als
Beruhigungstee

GOLE-E SORKH rosa u. weiße
Rosenblätter; getrocknet; für Süßigkeiten, Sirup, Marmelade, Dekoration

JA' FARI
Petersilie; für
Sabsi Khordan,
Joghurt, Salat,
zum Kochen

MARSEH
Bohnenkraut; frisch
o. getrocknet; für
Sabsi Khordan, zum
Kochen

NANA Nanaminze, mil-
der u. aromatischer als die
Pfefferminze; frisch o. ge-
trocknet, fein zerrieben; für
Sabsi Khordan, Joghurt, Tee,
Sirup, zum Kochen

MUSIR Chinesischer Knoblauch
(Schnittlauchart mit Knolle, kein
Knoblauchgeruch); frisch o.
getrocknet; für Joghurt (Borani),
zum Kochen

PIASTSCHEH dünne
Frühlingszwiebeln; frisch; für Sabsi
Khordan, Salat, zum Kochen

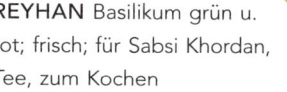

REYHAN Basilikum grün u.
rot; frisch; für Sabsi Khordan,
Tee, zum Kochen

SCHAHI Brunnenkresse; frisch;
für Sabsi Khordan, Salat

SCHANBALILEH
Bockshornkleeblätter (englisch
Fenugreek, indisch Methi), würzig,
leicht bitter; frisch, gefroren o. getrocknet; für Ghormeh Sabsi, Kuku
sabsi, Ghalieh Mahi, Eintöpfe, Fisch

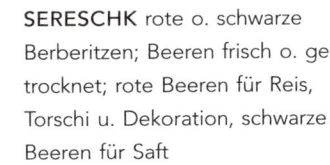

SCHEVID Dill; frisch o. getrocknet; für Sabsi Khordan, Kuku, Reis,
Khorescht, Joghurt

SIR Knoblauch; frisch o.
getrocknet; für Joghurt,
viele Gerichte

SERESCHK rote o. schwarze
Berberitzen; Beeren frisch o. ge-
trocknet; rote Beeren für Reis,
Torschi u. Dekoration, schwarze
Beeren für Saft

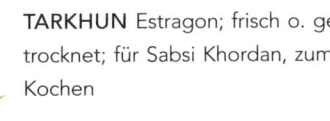

زرشک

TAREH iranischer Schnittlauch;
frisch o. getrocknet; für Sabsi
Khordan, viele Gerichte;
Ersatz: Schnittlauch, Grün der
Frühlingszwiebel, junges Lauchgrün

TARKHUN Estragon; frisch o. getrocknet; für Sabsi Khordan, zum
Kochen

ALU Pflaumen; frisch grün o. reif, sauer o. süß, getrocknet, Mus; für Torschi, als Frucht, getrocknet zum Kochen

ANNAB Chinesische Dattel, Jujube o. Brustbeere; frisch o. getrocknet; für Snacks, Tee

BADAM Mandeln; frisch, getrocknet, Stifte, Splitter o. gerieben; für Snacks, Süßigkeiten, Dekoration

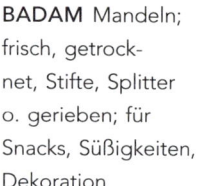

GERDU Walnüsse; ganze Nüsse, Hälften o. gerieben; für Snacks, Khorescht, Reisgerichte, Süßigkeiten

DANEH ANAR Granatapfelkerne; ganze Früchte, Dicksaftkonzentrat, Sirup; frisch zur Dekoration; Konzentrat für süßsaure Gerichte

KASCHK gekochter, getrockneter gesäuerter Joghurt; vor Gebrauch mit Wasser angerührt; Ersatz: Am ehesten gesalzener Schafs- o. Ziegenjoghurt

KHIAR kleine Gurken (gelten in Iran als Frucht), für Fruchtschalen, Joghurt, Salat

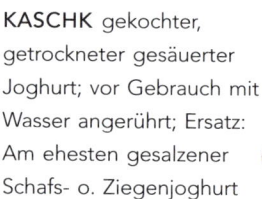

KHORMA Dattel; frisch o. getrocknet (hellgelb bis fast schwarz); für Polo, Snacks, Süßigkeiten

KONJED Sesam; Samen, Mus (Tahina); für Süßigkeiten, Brot, Sesam-Halva, Dekoration

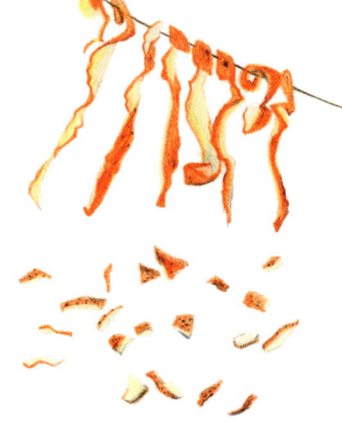

**PUST-E PORTEGHAL,
PUST-E NARENDSCH**
Orangen- o. Bitter-
orangenschale; frisch o. ge-
trocknet; für Reis (speziell
Schirin Polo), Süßigkeiten,
Marmelade

LIMU TORSCH iranische Limetten; frisch,
Saft, ganz getrocknet (Limu omani) o.
Pulver; getrocknet für sehr viele Gerichte,
frisch für Salat, Sirup, Saft

NARENDSCH Bitterorange;
Saft, Schalen o. Blüten; Saft zum
Kochen, für Salat u. Fisch, Schalen
für Reis u. Süßigkeiten; Blüten für
Marmelade u. Duftgeber

LAPEH Schälerbsen (schweiz.
Gelberbsen); getrocknet; für sehr
viele Gerichte

NAKHOD Kichererbsen; ganz,
geröstetes (Ard-e Nokhodchi)
o. ungeröstetes Mehl (Ard-e
Nokhod)

NABAT weißer,
gelber o. brau-
ner Kandiszucker;
Kristalle, an Schnur
o. Stäbchen, als
Plättchen (Pulaki); für
Tee, auch mit Safran
o. Kardamom

PESTEH Pistazien; frisch
o. geröstet; Kerne, Stifte,
Splitter, gerieben; für
Süßigkeiten, Snacks,
Dekoration

SENDSCHED Frucht
der schmalblättrigen
Ölweide; frisch o.
getrocknet; für Snacks

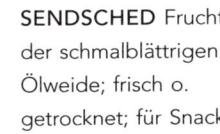

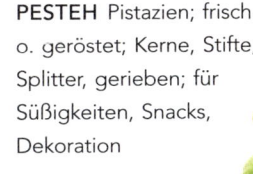

TUT weiße o. schwarze
Maulbeeren; frisch o. ge-
trocknet; für Snacks, Dicksaft,
Marmelade

149

BEGRIFFSREGISTER

GRUPPENREGISTER

ALPHABETISCHES REGISTER

MEIN GROSSER DANK GEHT AN

Iran Riahi, Riahi Travel Zürich – ihr großes Engagement hat das Kochbuch erst ermöglicht. Sie hat viele der Köchinnen vermittelt und war die beste Reisebegleiterin und Dolmetscherin, die ich mir vorstellen konnte. Geduldig hat sie meine vielen Fragen beantwortet und bei der Recherche immer wieder geholfen.
Tooka Maleki – meine wunderbare Gastgeberin, Begleiterin und Dolmetscherin in Teheran
Sadegh Riahi, Riahi Travel Zürich – für seine schöne Kalligraphie in Farsi
Sina und Gaby Rowshan – sie waren meine Reiseführer auf meiner ersten Iranreise und haben mich durch ihre Kochkünste für die persische Küche begeistert.
Antonia Bertschinger – die mich, dank ihrer Kenntnisse (sie ist neben Werner van Gent Co-Autorin des Buches *Iran ist anders*), bei Fragen zur iranischen Kultur beraten hat.

DIE SPONSOREN
Stiftung Landis & Gyr
Kanton und Stadt Luzern
Werner van Gent, treffpunktorient.ch
FUKA-Fonds Luzern
Renzo Testorelli
Die vielen SponsorenInnen der Crowdfunding-Aktion auf wemakeit.ch

FÜR DIE INHALTLICHE BERATUNG
Rolf Wespe
Heiri Scherer
Eva Holz
Debra Bühlmann
Melk Thalmann
Peter Wolf Jastrow

DIE TESTKÖCHINNEN
Nicola Stuart, Antonia Bertschinger, Katrin Marti,
Barbara Lehmann, Priska Ketterer, Sibylle Brunner,
Ariane Bille, Ursula Stalder, Martin Grüebler,
Yvonne Schwarzenbach, Klara Emmenegger, Sabine Ziegler,
Heidi Baumli, Bernadette Ilari, Luisa Grünenfelder,
Brigitte Hürlimann, Kristina Knöchel, Karoline Snoek

Ali Fatemi für die Begleitung in Schiras
Azade Shahmiri für ihre Hintergrundinformationen
Kouroche Hazeghi und Jutta Marin für ihre Tipps

Und mein besonderer Dank geht an alle iranischen Köchinnen und Köche für ihre offenen Häuser!

Tooka Maleki, Gabi Kopp, Iran Riahi

Gabi Kopp, geboren 1958 in Luzern, studierte an der Hochschule für Design und Kunst in Luzern und am Central St. Martins College of Art in London. Sie war Mitbegründerin und Köchin des Genossenschaft-Restaurants Widder in Luzern.

Seit 25 Jahren arbeitet sie als Illustratorin und Cartoonistin in der Schweiz und in Deutschland. Während eines Stipendien-Aufenthalts in Chicago beschäftigte sie sich mit Reportage-Zeichnen. Sie porträtierte und interviewte KöchInnen verschiedenster Nationalitäten. 2009 erhielt sie den Werkpreis von Stadt und Kanton Luzern für das Projekt *Das Istanbul-Kochbuch*. Mit ihren beiden illustrierten Kochbüchern vereint sie zwei Lieben – das Zeichnen und das Kochen.

ARMENIEN

ASERBAIDSCHAN

TÜRKEI

KASPISCHES MEER

OST- UND WEST-ASERBAIDSCHAN

ARDABIL

Ardabil

Astara

Täbris

GILAN

Urmia

Rascht

ELBURS-GEBIRGE

Qazvin

KURDISTAN

Teheran

Hamadan

Ghom

ZAGROS-GEBIRGE

Kermanschah

Niasar

Kaschan

Qamsar

Isfahan

Schahrekord

IRAK

Abadan

Mahschahr

Persepolis

Schiras

Buschehr

KUWAIT

PERSISCHER

BAHRAIN

ايران
IRAN

SAUDI-ARABIEN

KATAR